造课

智多星◎著

团结出版社

图书在版编目（CIP）数据

造课 / 智多星著. -- 北京：团结出版社，2024.5
ISBN 978-7-5234-0996-1

Ⅰ.①造… Ⅱ.①智… Ⅲ.①营销管理 Ⅳ.
①F713.56

中国国家版本馆CIP数据核字(2024)第098577号

出　　版：团结出版社
　　　　　（北京市东城区东皇城根南街84号　邮编：100006）
电　　话：（010）65228880 65244790 　（出版社）
网　　址：http://www.tjpress.com
E-mail：zb65244790@vip.163.com
经　　销：全国新华书店
印　　刷：河北盛世彩捷印刷有限公司

开　　本：145mm×210mm　32开
印　　张：5.75
字　　数：110千字
版　　次：2024年5月　第1版
印　　次：2024年5月　第1次印刷
书　　号：978-7-5234-0996-1
定　　价：99.00元

造 课

教你把经验或专业提炼成
年收入百万的爆款课程

扫码加智多星微信

作者简介

智多星

中国发售教父
逍遥族创始人
中国营销教父刘克亚最年轻的学生

　　智多星本名曹志，逍遥族创始人，脉冲式发售发明人。1987年出生于安徽。从事电商6年时间，单店年销售额最高达2.1亿元。2014年踏上"自明星营销"之路，著有《自明星营销方程式》一书。2015—2024年曾用发售技术累计创造8000万课程收入，最高峰45天创收1800万。拥有5项独门绝技："越狱文案""意识国度""认知编程""人性源代码""脉冲式发售"。

　　被中国营销教父刘克亚老师誉为"发售艺术家/中国发售第一人"；被业界誉为"中国发售教父"。

出版书籍

《自明星营销方程式》《脉冲式发售》《变种·销售信》等畅销作品。

《自明星营销方程式》　　　**《脉冲式发售》**　　　**《变种·销售信》**

导　语

亲爱的朋友，你好。

我是智多星，脉冲式发售的发明人。不瞒你说，过去7年，我的财富中有90%的收入，都来自知识付费，也就是卖课。

说实话，连我自己都没有想到，有一天会被别人称为"老师"。从小，我就很内向，见到陌生人都不敢说话，再加上我大学读的是计算机专业（*程序员*），所以是个妥妥的钢铁直男。真的，感谢这个美好的时代，当然，也要感谢我的老师——"中国营销教父"刘克亚，没有他传授我营销智慧，恐怕像我这样的宅男，只能做一辈子的"可怜虫"。

我知道，看书的你，可能在某一方面，有一些超越常人的绝活，也希望有机会把它开发成一门课程，卖给更多需要它的人，但是苦于一直不知道如何表达，因为这个世界上会做但不会教的人太多了，这需要用到"结构化思维"。

当然，你是幸运的，因为恰好我是这方面的专家。过去7年，我开发过几十门口碑不错的课程，最厉害的一门课程，超过100万人收听过，从几百元的课程，到几万元的课程，我都做过。所以我深知其中的奥秘。毫不夸张地说，如果你能接受我的建议，能少走不少弯路。

说实话，知识付费真的是一件非常有意义的事情。你想想，从古至今的知识，不都是前辈们对实战经验进行总结，写成书，流传下来的吗？

如果你已经找到了一个问题的正确答案，为什么不把这个答案告诉更多的人呢？为什么还要让后来者去犯同样的错误呢？

我一直提倡"从成功走向成功"。其实，每一个成功者，无一例外，都是站在了"巨人"的肩膀上。我站在了我老师的肩膀上，用几年时间练就了别人几十年才能掌握的营销绝技。而我老师则站在了他老师的肩膀上才取得了成功。如果你问我成功到底有没有捷径，我想告诉你，这就是"捷径"。

把自己多年来在某个领域的经验开发成一门课程，将它传授给需要的人，并因此获得经济上的回报，年收入百万根本不难，真正难的是你的内心被"困"住了。

我知道，你可能在思考：做课程、去分享，是不是需要很好的口才？答案是否定的。我有个学员叫欧风，他说话结巴，而且普通话讲得不甚标准，但是这并不影响他一年赚几百万，也不影响他的粉丝崇拜他。

还有一位学员叫嘉俊，他是一个宅男，把做淘宝的技术经验开发成了一门课程叫"冷爆款技术"，成功实现年收入300万。这样的案例比比皆是。

我想告诉你的是，不要给自己设限，一切皆有可能。如果你准备好了，就可以开始阅读这本书了。本书内容来源于我的一门课程——知识炼金术。其实一个课程从定位到最后的交付，一共有7个核心环节。本书由于篇幅有限，只分享了三个环节，也是从0到1，开发一个课程最重要的三个环节：取名字、建目录、填内容。这个方法我用了7年，从未公开，如果你的认知或市面上某个老师做课的方式与本书的内容有冲突，那么请你记住——以我说的为准。

不要问为什么，因为实践是检验真理的唯一标准。毫不夸张地说，如果你掌握了本书的全部内容，就可以在极短的时间内开发出任何行业的课程。

祝你好运！

PS：如果想学习如何让课程大卖，请关注我的《脉冲式发售》。我之所以可以轻松赚钱、潇洒生活，核心秘诀就是我掌握了发售技术。

目 录
CONTENTS

1

Chapter
取名制胜

2

Chapter
下单目录

只需一眼，
就想立刻下单的课程目录 · 53

3

Chapter
上瘾内容

Chapter

取名制胜

取对名字，
让你的课程销量提升 10 倍

我会把7年累计的课程开发经验一次性传授给你，让你成为知识炼金师。

我想跟你说的是，我完全有资格教你怎么做课程，因为过去7年里我已经开发了几十门课程。

我踩过各种"坑"，有丰富的经验。我做过录播课，做过直播课，做过训练营，也做过线下课。

你所知道的市面上每一种形式的课程我都做过，并且我都实战过。所以我很清楚，哪种课程有什么样的优点和缺点。

我要说的课程大纲一共包含7个环节，每个环节解决一个问题，具体内容如下。

▶ **取名制胜**：取对名字，让你的课程销量提升10倍
▶ **下单目录**：只需一眼，就想立刻下单的课程目录
▶ **上瘾内容**：只需十秒，用户就会熬夜听完你的课程
▶ **课程封装**：三个步骤，让你的课程成为客户想要的
▶ **收款链条**：一个策略，让课程收入轻松提升10倍
▶ **理论收租**：五个工具，让你成为行业大师终生收租
▶ **交付圣经**：四个策略，让你的付费客户无休止地复购

本书由于篇幅有限，只分享前三个环节。所谓"真话一句传，假传万卷书"，就是说我教你的东西，都是一针见血的，全部是真话，全部是核心的原理和心法。

在开始学习这本书之前，首先问自己三个问题：

1.为什么要做知识付费？

2.没有绝活的人怎么做？

3.爆款课程的四个前提是什么？

这个部分讲完之后，才能正式进入做课程的环节。在学习这本书的过程中，我讲到的每一个知识点，大家都要认真地去理解。

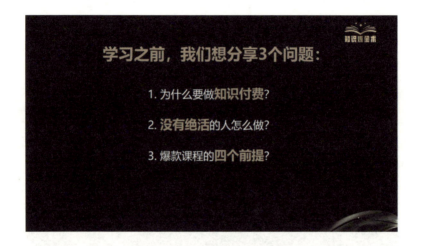

接下来，回答这三个重要的问题。

一、为什么要做知识付费?

我们为什么要做知识付费? 有7个原因。

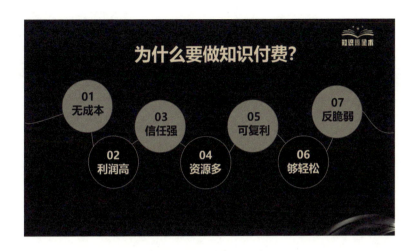

第一：无成本

做知识付费唯一的成本，就是时间成本和脑力成本，你认同吗？

做知识付费不需要你开公司、租好场地，也不需要你有很多员工。

例如，我的弟子古得拉克，他前段时间发售了一个课程，这个课程是一个抖音培训课程，售价3980元。

他发售这个课程的时候，所谓的课程还不存在，他的硬成本是他和他老婆的时间；他在家里办公，不需要租豪华的办公室，也不需要请员工，就可以售卖产品，而且他的产品是没有成本的，因为这是脑力成本。

这就是第一个好处，没有任何成本。

第二：利润高

卖100元，100元都是利润。知识付费行业的净利润可以达到收入的80%~90%。毕竟，你还是会有自己的时间成本，以及一些日常开销的。可以说，这个行业的利润是极其高的。比如，我这家公司，如果一年营收1000万元，利润大概有八九百万。

一家卖实体产品的公司，如果销售额能达到1000万元，净利润大概只有300万元。有300万元利润已经很了不起了，大家能理解吗？

而知识付费行业营收1000万元可以赚到八九百万，这就是两者的差别。知识付费行业净利润高，所以做知识付费是一种很好的选择。

第三：信任强

"信任强"是什么意思呢？就是说我们看起来是在做知识付费，在做一门生意，但是这门生意和其他生意是截然不同的。

因为做知识付费，所以我们就变成了老师。老师本身是带有光环的，大家能理解吗？

对方听你的课，只要他能从你的课中产生一点点收获，那么你在他心目中就会有影响力，有影响力就会产生强信任，然后无论你卖什么东西都会变得很简单。

举个例子，比如我是卖房子的，做了一个课程叫"买房避坑课"。也就是教你如何在买房的过程中避开各种"坑"的课程。

有很多想买房的人听了这个课，感觉很有收获，就会找我咨询："智多星老师，在哪里买房更好啊？有没有好房推荐？"这样我卖房就很容易了。如果不出课程，那么想把房子推销出去，是极其困难的。

这是做知识付费非常棒的一个好处。

事实上90%以上的行业，都可以用知识付费的方式重做一遍。比如说：

我是卖护肤品的，那么我就出一个化妆课。

我会通过化妆或者护肤课让用户对我产生信任，然后顺便卖我的化妆品，这是非常简单的。没有人愿意跟一个卖货的人做朋友。但是大部分人都愿意跟一个老师、一个有影响力的人做朋友。

如果你天天在朋友圈刷屏，卖各种护肤品，那你就是一个卖货的。卖货的价值是很低的。但是如果你是一个化妆达人，你的价值就很高。

第四：资源多

很多人会跟我讲他们的项目，目的是和我合作。为什么我知道各行各业的情况？因为我是一个营销老师，他们在营销决策上遇到困难，想得到更好方法的时候，就会不由自主地向我

分享，希望得到我的建议或帮助。这也使我形成了信息中心。

因为我是一个老师，拥有光环，有影响力，所以他们都希望跟我合作，这也使得我有很多资源可以用作杠杆。

第五：可复利

如果你是教记忆学的、教健身的、教拉小提琴的……不管你教的是什么类型的课程，只需要在这个领域不断地深挖，不断扩大你的影响力，那么你的影响力就会形成虚拟资产。

记住：虚拟资产比你能看见的现金资产更加重要。

这一点非常重要，大家一定要理解透彻。

我觉得我的私域资产、品牌资产，以及我的绝活资产是大于现金资产的，因为这些资产是可以随时变现的。

可复利就是互利交易。只要你坚持做这个定位领域，不断做下去，你的品牌影响力就会越来越大，你的粉丝就会越来越多，你未来变现的效率就会越来越高。

你的很多课程，其实只需要开发一次，就可以不断使用。

第六：够轻松

做知识付费的公司，一般不需要很多员工、豪华的场地，以及复杂的管理。

我建议每一位做知识付费的同学，一定要把公司"做轻"，两个人、三个人、四个人都可以，不需要太多的人，要把成本降低，这样你就会足够轻松。

你为什么会感到轻松？因为你的支出很小，成本是有限的，但是增长是无限的。比如说：

我们公司有6个人，除去我自己的工资以外，我们公司每个月的开支，大概是8万元。我也给自己发一份工资，另外，公司年底会分红。

我建议你也这样做，账目上要做得正规一点。尽量去开一家公司，或者开一个工作室，大部分情况下你一年的销售额尽量做500万元以内的。如果你想做1000万元的，可以开两家公司，因为销售额500万元以内是免缴增值税的。

我还建议你去注册一个"个体工作室"。一是免税，二是钱可以直接提到个人账户上，方便使用。

大家思考一下，我们的成本是有限的，增长却是无限的。像我们公司一年的发售额1000万元是6个人，做2000万元也是6个人，做3000万元还是6个人。

无论我们赚多少钱，员工都是6个人。因为它不是一家做销售的公司，而是一家做发售的公司。

做知识付费，尽量用发售模式，不要用销售模式。销售模式需要招很多人。我有一个朋友，他的公司在广州，有50多个销售，也做得非常成功，但是利润是有限的。

一个月做200万元，利润才80万元。我们做200万元，利润是180万元~190万元。

能用更少的人达到更好的效果，为什么要用更多的人呢？

所以，一定要用轻松的模式。

第七：反脆弱

你的人很少，你的办公场地成本很低，除了人工、场地成本外，没有其他的成本，所以你是反脆弱的。其他行业需要有备用金、有库存，需要进货，还要有周转资金。有时候进了一批货，长时间卖不出去，它是不反脆弱的。

我们做知识付费是反脆弱的，因为我们的产品是没有成本的。一个反脆弱的模型是非常重要的。

我们这种公司，即使不要员工，一个人依然是赚钱的，它不可能亏钱。

如果你做知识付费亏钱了，那你肯定是做错了。

有很多公司看起来可以实现销售额不断增长，但销售额的增长是伴随着流量成本以及人员成本的增加的。大家都能明白这个逻辑吧。

我的公司是一家做知识付费的公司，也是一家互联网公司，因为我们生活在互联网上，所以可以通过互联网引流，做知识付费。

一家销售型的知识付费公司，如果想达到跟我的发售型公司一样的营业额，这家公司肯定需要50~100个员工，但利润是没有我的公司高的。

以上给大家分享了做知识付费的7个原因。大家要选择轻松的模式，尽量用更少的人去做更多的事情。

请你记住：你的杠杆在于流量，你的杠杆在于人力。

你要想尽办法增加更多的流量，增加流量是不需要增加人手的。比如说我拍抖音，我一天不管是引入100个流量还是1000个流量都只需要一个摄影师，不会增加成本。所以一定要用好新时代的杠杆——媒体，也可以说是流量。50台手机，三个人可以管理；几百台手机，三个人同样可以管理。

这是做知识付费可以生存下去的一个原理。

剩下的，就是增加流量，扩大影响力，仅此而已。

二、没有绝活的人怎么做？

没有绝活的人怎么做呢？很简单，就是去练一门"绝活"。

我们的人生是一场长跑，而不是一场短跑。所以你永远要记住：人生的成功是积累，是你的绝活。

很多人认为人生的成功，是遇到一个好的机会，把握住它，

然后赚钱。然而，你没有绝活，即使有机会，你也把握不住，明白吗？

比如说：

智多星老师之所以成功，就是因为他抓住了自媒体这个机会，抓住了写文章这个机会。很多人都知道2014年自媒体的风口来了，但又有多少人行动了呢？我之所以成功，是因为我有内容创作能力，我能写、我能讲，这个能力是我花时间练出来的，一开始我也没有。

你可以在做的过程中练习。记住，在很多领域，你只要能达到70~80分的水平，就可以教很多人了。并不是说你只有成为这个行业的顶尖人士之后，才有资格去教别人。你可以一边做一边去教别人。

我有很多学员都是在学的过程中，一边做，一边销售课程。

人生的成长轨迹是螺旋形的。很多人说要等到时机完美再出手，那个时候就晚了。因为市场是不会等待你的。那么没有绝活的人该怎么做呢？答案是：去练一门绝活。这是我的忠告。

人生是否成功，人生是否有壁垒，别人是否会跟你合作都取决于你有没有绝活。

不要觉得练绝活很困难，因为如果你不练它，你的人生就会一直在原地打转；练了它，你的人生才会丰富。仅此而已，就是一个选择。但是大部分人总是喜欢谋求短期的利益。很多人会说，最近有一个项目很赚钱，我先去做这个项目，先赚点钱，赚了钱以后再练绝活。然后就去做那个赚钱的项目了。可惜没赚到钱，于是继续去找下一个赚钱的项目了。

你总是想等我有了钱再去学绝活，等我不忙了再去练本事。但是你会发现，你一直在忙。人生就是这么奇妙。

三、爆款课程的四个前提

我们在开发课程之前，要把这四个前提理解清楚。从这里开始，大家要认真学习，因为这跟我们的课后作业有关系。

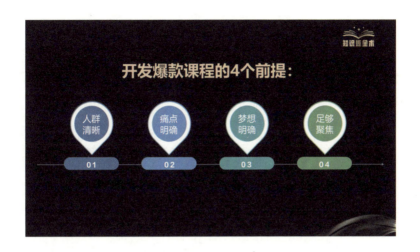

第一：人群清晰

人群清晰就是"你到底要做谁的生意"。你的产品，是可以从多个角度来赚钱的。举个例子：

你是教记忆学的，你可以教孩子记忆学，可以教成年人记忆学，也可以教老年人记忆学。看见没有，每种人群其实都是有需求的。

孩子有学习记忆学的需求，成年人有学习记忆学的需求，老年人也有学习记忆学的需求，对不对？

那么，你要思考一个问题：我想赚哪一部分人的钱呢？

像最差的人群画像就是所有的人都可以学我的课。如果你认为你开发的课程所有人都可以学，那你已经输了，听明白了吗？

比如说知识炼金术这门课一定是想做知识付费，或者已经在做知识付费的人才会去学的。

如果他没有想过"我要做知识付费"，他就不是我的客户。

这个人不想做知识付费，我需要将他变成一个想做知识付费的人，然后卖他一个课吗？并不需要。所以在绘制人群画像时，一定要清楚地知道你的用户是小孩、成年人还是老年人。目标对象一定要准确，因为不同对象的需求是不一样的。

第二：痛点明确

有需求自然就会有痛点。每个人群的需求可能都不一样，所以要进行细分。

孩子为什么要学习记忆学？孩子学习记忆学，很多时候不是孩子自己想学，可能是妈妈、爸爸想让孩子学。

妈妈、爸爸为什么想让孩子学记忆学呢？可能是希望孩子拥有过目不忘的能力，以提高成绩。当然，也有可能是希望孩子拥有一技之长。

所以这个时候，你就要明确你这个产品定位的痛点是什么。如果你定位的痛点是父母想提高孩子的学分、学习成绩，你打出的口号就应该是"让你的孩子过目不忘，让你的孩子一年可以读50本书"这样的口号。

如果你定位的人群是成年人，那你的口号应该是不一样的。成年人为什么要学习记忆学呢？因为很多时候我们会觉得自己的记忆力很差，工作效率很低。有没有这种情况？

所以这个时候，你定位的痛点又不一样了。要记住，"痛点"和"梦想"是两个方向。

你在开发课程的时候，首先要知道你定位的人群是哪一类。因为不同的人群有不同的痛点。

痛点明确就是说你要直击一个痛点，不要去满足所有的痛点。你的课程要尽量趋向于解决一个聚焦的问题，而不是一个庞大的问题。比如说：

- ▶ 《知识炼金术》只教你怎么开发课程，不会教你卖课。
- ▶ 《脉冲式发售》只教你怎么卖课程。
- ▶ 《好莱坞直播》只教你如何通过直播卖课程。

你看，课程解决的永远是一个很具体的问题。

《好莱坞直播》只教你怎么通过直播卖课、怎么通过社群卖课、怎么通过公众号卖课，至于怎么发售，课程并不介绍。你看，课程解决的是一个非常具体的问题。

那能不能把这些课程全部打包成一个课程，然后教给别人呢？可以呀，但这样课程就会很乱，而且你的客户价值很低。所以这个非常重要。你要明确某一类人群的某一个痛点，然后去开发一个产品，这个产品可以帮他实现梦想。你要知道他的梦想是什么；他有痛苦，自然就有梦想，对不对？

就是说，他觉得自己最近不太好，工作中有很多事情容易忘掉；老板安排他的事情或者主管安排他的事情，他总是容易忘掉，然后常被批评，工作的效率很低，这是他的痛苦。

第三：梦想明确

他希望在工作中做到过目不忘，通过大脑就可以清楚地记住每一天要做的事情，以及提高自身的工作效率。

那么他的梦想其实是希望得到老板的夸奖、上级的赏识，可以升职加薪，这可能是他的梦想。所以你要明确地知道，你这个课程能够帮别人实现什么梦想。梦想一定要明确，你一定要知道用户真正想要的是什么。我说的是真正想要的，从表面上看，他想要提高记忆力，然后提升工作效率。

实际上，他真正想要的是老板的赏识、上级的提拔，然后薪资上涨。他想要的不只是升职，而是加薪赚更多的钱，那才是他真正的梦想，是他真正想要的。所以"用户买的不是种子，而是草坪"。

女人，买的不是包包，而是身份。

在开发课程的时候，你的课程定位一定要很清楚。我狙击的是你的哪一个痛点？我能够帮你实现什么梦想？

在我们包装这个课程的时候，或者是把这个课程上架到别的平台上的时候，我们要做一个详情页，这个详细页怎么去描绘，才能让用户更愿意购买这个产品呢？营销中有个关键词叫"描绘成交之后的世界"。

描绘成交之后的世界，也就是描绘出他的梦想，他真正的梦想。

第四：足够聚焦

"足够聚集"就是你的每一个课程都要足够聚焦，为什么呢？

智多星老师为什么不开发一个大课，把直播卖课、发售卖课，以及做课程，教别人怎么去打造个人IP的课程全部打包在一起，然后教给别人呢？为什么不这样做？

因为这样就不聚焦了。一个大课看起来量很足，什么都教，看起来可以把所有人都吸引进来学习，但你会发现这样做不聚焦。

请记住，"在人生的过程中，失焦就是失败的开始；分散风险就是产生风险的开始"。

聚焦有以下三个好处。

好处一：工作量很少

为什么工作量很少呢？因为你开发的这个课程只解决一个问题，所以它的工作量就很少，它牵涉不到别的问题。如果把这个课程跟个人品牌的课程放在一起教学，那就很麻烦。我要教你怎么定位，我要教你怎么找流量，我还要教你怎么混群、怎么发朋友圈、怎么开发一个产品、怎么把产品卖出去……天哪，想要的特别多、特别复杂，这样用户其实也学不会。工作量很少很重要。聚焦的好处就是要求你只讲一门课，并且要讲透这门课，这样工作量就会很少。

好处二：可以讲透

"可以讲透"就是说对于这个课程，我一定会给你讲透。比如，怎么取名，怎么做目录，怎么填充内容，怎么封装产品，怎么设计你的产品链条，怎么设计你的理论体系以及最后怎么交付等。

这就是一个产品的完整形态，我在《知识炼金术》里可以给你讲透。

如果我跟你讲怎么引流，而不跟你讲怎么成交，只教你怎么写文案，怎么发朋友圈，这就很麻烦。

好处三：容易销售

《知识炼金术》教你怎么做课，把你的经验和专业变成年入百万的课程。它就是这样一个产品。目标群体知道它的目的，有需求就买，没有需求就不买，这样就很容易把课程销售出去。

如果我的课程什么问题都可以解决，我要跟你讲很多，每个回答都很棒，那就证明课程并不优秀。

人的大脑就是这么奇怪，如果你告诉我，你是一名医生，又是一名律师，还是一名插画师，我会怀疑你的能力。

你到底是谁？我到底是生病的时候找你，还是想学画画的时候找你？连我自己都说不清楚，那还是算了吧，我还是不找你了。

聚焦是个老生常谈的话题。不管你学习课程，还是和一些高手聊天，他们都会告诉你这是人生中一个重要的指标。

记住重点，明确你的产品要面向哪类人群。比如说，你想教别人弹钢琴，你可以教儿童弹钢琴，也可以教成年人弹钢琴。成年人和儿童的心理想法是不一样的。

儿童之所以学习弹钢琴，是因为他的父母希望他多掌握一门才艺，可以弹曲子；有的父母则希望孩子走职业发展路线。你定位的群体可以是走职业路线的儿童，也可以是走兴趣路线的儿童。课程的难度以及你的收费是完全不一样的。有的老师是名师，专门教走职业路线的儿童，收费就很贵。

我收你做学生，你跟我学可以快速提升，拿到名次，以后走向国际舞台。定位收费是不一样的，对不对？

成年人学钢琴，需求很简单，能够弹几首曲子就可以了。

他们不想成为钢琴大师。

他们在有钢琴的地方能够弹几首曲子，彰显一下自己的才华就行了，这是社交需求所决定的。

那么，这个时候我开发的课程产品就不一样了。

如果有人想开发一个适合成年人的家庭产品"7天学会一首曲"，那一定要改变教学模式。如果从基础学起，7天是不可能弹出一首曲子的。因为他要学习很多基础的内容，要背很多知识点。要根据人群的需求开发产品，这才是高手。很多人说这是不可能的。其实你之所以开发不出来，是因为你没有研究过。小米有一家公司是装修房子的，极速装修房子，仅需15~21天就可以装修完一套房子。

以前传统的装修工程是不可想象的，无法理解的肯定做不到。世上没有做不到的事情，只有你想不到的事情，这就是产品思维。

以上就是我们在开发爆款课程时需要了解的四个前提。接下来我要讲"取名字的重要性"。

四、取名字的重要性

那么取名字的重要性有三个：好的名字自带流量、好的名字容易传播、好的名字自动下单。

满足这三个条件中的任意一个条件，就是好名字。

1.好的名字自带流量

当下什么东西很火呢？比如说，去年有一个很火的东西叫元宇宙，然后有一个人开发了一个叫《元宇宙掘金指南》的课程，这个课程卖出了很多份，卖的究竟是什么呢？

其实就是一个很简单的课程，跟你讲清楚什么是元宇宙、元宇宙的趋势，以及当下元宇宙里有哪些东西已经实现了。这样一个很简单的科普类的课程，居然赚了很多钱，为什么呢？

因为好的名字自带流量，因为它在风口上。比如说：

在小红书里，很多人想做小红书的时候，《小红书引流系统》就是一个好名字，因为它的需求和方向定位非常精准。很多人想通过小红书引流，所以《小红书引流系统》这个名字就是一个好名字。好名字自带流量。每一年都会有很多新的趋势，有的时候可以把趋势和你的行业结合起来。

比如《元宇宙知识付费》或者《元宇宙发售》，这个时候就能和我的行业关联起来，好名字是自带流量的。

2.好的名字容易传播

容易传播会产生话题。我的好兄弟乌鸦老师是教情感的，他开发了两个课程。

第一个课程的名字叫《香火传承》，这个名字怎么样？香火传承就是传宗接代的意思。

恋爱是为了脱单，脱单是为了结婚，结婚是为了传宗接代，所以他这个课就叫《香火传承》。

《大情圣》这个课程的名字起得也非常不错，这就是好名字容易传播的例子。

3.好的名字自动下单

起一个好名字，顾客会自动下单。下面以《金钱制造者》《关系缔造论》为例。

《金钱制造者》是我在2020年开发的一个课程。每一个课程除了名字之外，还有一个非常重要的"副标题"，后面会讲怎么写副标题。

《关系缔造论》是一个情感课程，教你如何跟你的男性朋友或者女性朋友相处，创造出一种新的关系。这是一个全新的课程。

课程名字和副标题都很重要，当它们组合在一起的时候，会让用户产生购买欲望，这种欲望是非常强烈的。

五、取名有三个误区

起名字有三个误区：对标同行、某某课程、一眼到底。这三个误区千万不要踩。

分别是什么意思呢？我们一起来看一下。

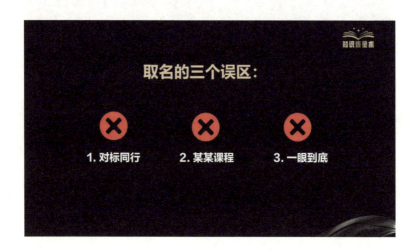

误区一：对标同行

我在2016年的时候开发过一个课程，名字叫《微信粉丝掘金计划》，但这个课程其实就是一个淘宝客的培训课程。

当年这个淘宝客行业的培训，最高的收费就是5800元。虽然我是一个做营销的老人，但是在淘宝客行业我是一个新人。

我的淘宝客培训的定价是13800元，这个价格已经超过这个行业所有前辈的价格了。那我怎么才能把它卖出去呢？

如果我的课程也叫《淘宝客实操班》或者《淘宝客实战训练营》之类的名字，那我就完蛋了。为什么呢？

因为用户会拿我的课程跟同行的课程进行对比，发现我的课程非常贵；别人比我在这个行业做的时间久，价格又比我便宜，用户凭什么选择我的课程？

这个时候我就要做差异化，跟别人不在一个维度里。我取了一个全新的名字叫《微信粉丝掘金计划》，我把这个课程变成了一个计划，这就不一样了。

用户看这个名字，完全不知道这个课程是做淘宝客的。可以把它看成用微信粉丝进行变现的一个计划或者课程，用户会这么理解。

这就是差异化。对标，意味着把自己拉入别人的战场面。

举一个例子，比如你擅长的是画画，你非要去参加一个魔术师的聚会，在这个魔术师的聚会里面，你又不会变魔术，把自己拉入别人擅长的战场，你肯定会输。

你是一个画画的，去参加魔术师的比赛，你怎么能赢呢？

进入别人的战场，你就没办法赢。所以不要去做同质化的事情，同质化就会产生对比，然后开始比价，出现各种问题。

最近我有几个学生说这个行业很"卷"，行业内卷的原因是大家都在做同样的事情。

你觉得别人的课程内容好像更丰富，价格更低，别人交付的时间更长。你觉得情况越来越严重。然后，你开始内卷……

你教学一个月，我教学60天；

你教学60天，我教学90天；

你的课程有60节课，我的课程有100节课；

你的课程卖9800元，我的课程卖6800元。

这样就把自己"卷"死了。如果我去对标，那我就死定了：别人卖5800元，我不敢卖5800元，我可能只敢卖3800元。

这就是对标同行，把自己拉入别人的战场的缺点。

误区二：某某课程

取名不要叫某某课程，很多人喜欢叫某某公开课，如《直播带货高级课》《直播带货初级班》这样的名字。不要叫某某课程，应该多用"计划""系统""训练营"这样的词。

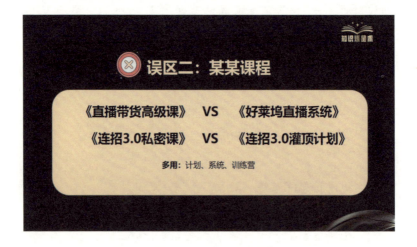

某某计划、某某系统、某某训练营都可以用，但尽量不要叫某某课程。因为在人们的大脑里，"课程"这个词的含义发生变化了。

以前"课程"是一个褒义词，现在变成了一个贬义词。什么总裁课、高级课、密训课等，容易引起人们的反感。尽量不要用"课"这个字，多用"计划""系统""训练营"这样的词。比如，别人的课程往往叫《直播带货高级课》或者《直播带货高级班》，而我的课程叫《好莱坞直播系统》。下面是一个最近的案例：

我的兄弟乌鸦老师，他准备卖一个3980元的课程，课程的名字叫《连招3.0私密课》。

"连招3.0"是他的理论体系；

"私密课"是这个课程的名字。

我说不要叫《连招3.0私密课》，最后我们把课程的名字改成《连招3.0灌顶计划》。后来，这次发售赚了100万。

他们公司加上他只有三个人，一个月开支1万多块，100万够他开支很多年了，所以这次发售的利润是极高的。所以取名字是非常重要的，打造独特的概念也非常重要。后面会教大家怎么做。

尽量不要取某某课这样的名字，市面上那些做课程的人是极其落后的，他们都没有思考过取名的原理。取名到底有多重要呢？你们会发现我每一次取名都是非常用心的。我已经掌握了这里面的原理，我今天就把这个原理分享给你。

为什么要多用"计划""系统""训练营"这样的词？怎么去理解这件事呢？因为人的大脑有很多条入脑的路径。大脑就像一个房间，这个房间有很多扇窗户、很多扇门，从不同的路径进入大脑，效果是不一样的。

有的大门面前有很多障碍物，有的大门面前没有障碍物，比如说：

《连招3.0灌顶计划》，"灌顶计划"是什么意思呢？

它是一个计划，不是课程。你大脑中的想法，就是我们要一起去做一件事情，去实施一个计划。

比如，当年我的《馅饼计划》就很成功，《抖音掘金计划》也很成功，为什么呢？

因为都是用"计划"来命名的。计划的意思就是一起去实现一个目的，这就错开了你的认知链路。

"系统"就是让别人觉得这是一个很牛的东西，比如《好莱坞直播系统》《脉冲式发售系统》等。

当然，也不是什么都可以叫作系统，你的内容要配得上这个名字。比如，《知识炼金术》就没有加"系统"这两个字，因为这个课程不算是一个庞大的体系，它只是单独解决这一类问题的一个课程。

误区三：一眼到底

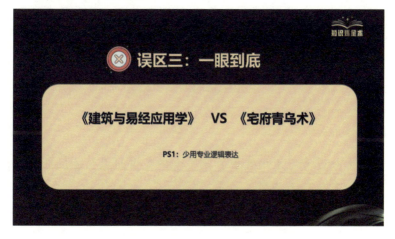

一眼到底，就是名字不能给人以想象的空间。我个人习惯把课程的名字起得有一定的想象空间，比如《知识炼金术》《好莱坞直播系统》《馅饼计划》等，这些名字让人有想象的空间。什么叫一眼到底呢？比如说：

《建筑与易经应用学》是我们群里一位老师的课程。

《建筑与易经应用学》其实就是讲家宅布置的。但是这个名字就一眼到底了，没有想象空间，不能激发用户的购买欲望，能理解我的意思吗？

你看到《建筑与易经应用学》这个名字后，你想买吗？你会有购买的欲望吗？不要说得太正式，这样听起来会很奇怪。

可以取一个有一定神秘感的名字，给人一种大概知道但是又不完全知道的感觉。比如说：

你知道《好莱坞直播》是一个讲直播的课程，但你又不知道他具体讲的是什么。

你知道《知识炼金术》是教你做知识付费的课程，但是具体怎么做呢？有一种若隐若现的感觉。

我个人是比较喜欢取这种名字的。取这种名字有公式，后面会教给大家。比如说：

《宅府青鸟术》其实讲的就是家庭布置的，但听上去有一种神秘的感觉。

六、取名的三种方式

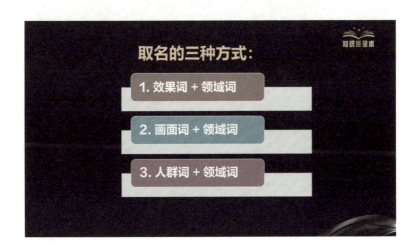

前面讲了取名字的重要性以及取名字的三个误区，接下来讲取名的三种方式：效果词+领域词、画面词+领域词、人群词+领域词。

套用这个公式，你就能取一个好的名字。

取名方式一：效果词+领域词

效果词，比如《塔罗牌变现训练营》，"塔罗牌变现"就是一个效果词，是你这个课程能帮助用户达到什么目的。

《5天正骨塑形瑜伽营》的效果词是"正骨塑形"，"瑜

伽"是领域词。

《懒人吃瘦减肥营》的效果词是"懒人吃瘦"，"减肥"是领域词。

所以，要思考你的行业适合哪种取名方式，选择其中一种即可。

取名方式二：画面词+领域词

"画面词+领域词"是我常用的方法。比如说：

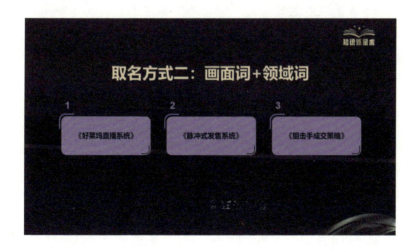

《好莱坞直播系统》，"好莱坞"是一个画面词。什么叫画面词？就是当人们听到这个词时，有一个刻板印象。大脑对这个词有一个系统的画面。

大家看到这个词，可以想到"好莱坞电影""好莱坞明星"等，它在用户心中是一个很高级的词。

"好莱坞直播系统"是一个画面词。这个直播的特效、直播的清晰度可以让人产生明星般的感觉。《脉冲式发售》，"脉冲"是一个画面词。

《狙击手成交策略》，"狙击手"是一个画面词：一枪一个，百发百中。"狙击手成交"是一个画面词。当画面词和领域词结合在一起的时候，用户的感觉就会很强烈。

《知识炼金术》，"炼金"也是一个画面词。炼金会让你想到魔法师、炼金师。把泥土变成金子的炼金师，带有一点魔法的感觉。"知识炼金术"能把知识变成黄金。

所以，你的课程要能跟人们大脑中固有的认知关联起来。比如，狙击手、好莱坞、脉冲等都是人们大脑中固有的画面，要把它们和课程关联起来，能理解吗？

取名方式三：人群词+领域词

《0基础文案变现营》是针对文案零基础，没有写过文案，不会写文案的人群的。

"文案"是领域词，"0基础"是人群词。

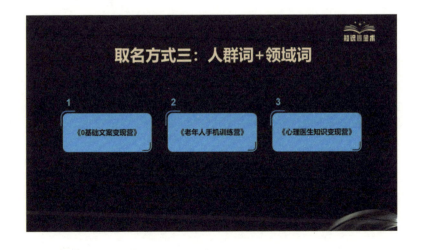

《老年人手机训练营》针对的是不会用老年人手机的，微信用得不熟练的，手机打字不顺畅的老年人群。

假如你是做垂直领域的心理医生，你变现能力不错，就可以开发一个课程叫《心理医生知识变现营》。

教全中国的心理医生怎么做好自己的知识付费。不是心理医生，看到这个课程可能没有用，因为人群被锁定了。

用以上这三种方法，一定可以取出一个好的名字。

名字很重要，副标题同样很重要。所以你会看到我的每一本书都有一个副标题，我的每一个课程也都有副标题。比如说：

《浪潮式发售3.0》的副标题是"没有客户渠道、没有高额预算、没有销售团队，一样让你的产品、服务、课程一上架就卖翻天！"。

《死工资正在拖垮你》的副标题是"把你的经验和专业变成你的第二财富增长引擎"。

《知识炼金术》的副标题是"教你把经验或专业提炼成年收入7位数的爆款课程"。《脉冲式发售》的副标题是"一种不需要销售员，就可以让课程卖出8位数的成交技术！"。

所以你一定要为你的课程取一个副标题。副标题是确定课程含义的一个关键。

七、一眼就想要的课程副标题

有时候，你的课程名字要带有一些朦胧的感觉。就是说，用户知道这个课程好像是解决这个问题的，但是具体解决什么样的问题，能达到什么样的效果，用户是不清楚的。

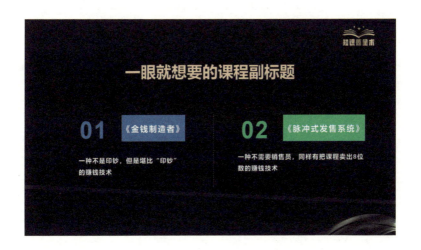

副标题要让用户知道你这个课程具体解决什么问题，能达

到什么效果。所以你的标题应该写明效果或结果，也就是用户希望达到的效果、目的等，能明白吗？

《金钱制造者》

一种不是印钞，但是堪比"印钞"的赚钱技术

《脉冲式发售系统》

一种不需要销售员，同样能把课程卖出8位数的赚钱技术

副标题是用来描绘学完你的课程之后可以达到什么效果的。要让别人看完课程的副标题，就知道你的课程到底可以达到什么效果、什么目的。

我们为什么要知道用户的痛苦和梦想？因为我们的副标题其实就是描绘出了他们心中的梦想成功实现后的结果。

副标题怎么写呢？其实我们的训练手册里，有训练标题写作的方法。

核心定律：副标题的意义就是描绘出这个课程可以达到什么效果、实现什么梦想、达到什么目的。

去构造一个短句（一定是很短的，不要描绘的很长）。注意，语气一定要非常果断。

副标题也是标题，我们的课程目录是另一种标题。所以你一定要知道标题的撰写逻辑是什么。

为什么智多星老师可以随时随地写出一些好的标题？因为我经过大量的训练。只要经过大量的训练，你也可以写出好的标题。

核心还是练。练的方法只有一个，那就是举一反三。你看下面这两个标题就是类似的。

一种不是印钞，但是堪比"印钞"的赚钱技术

一种不需要销售员，同样能把课程卖出8位数的赚钱技术

这一章的内容，就讲到这里。

本章的课后作业：

1.定位自己的服务人群，以及要解决的问题。

2.取出自己课程的名字+定义课程的副标题。

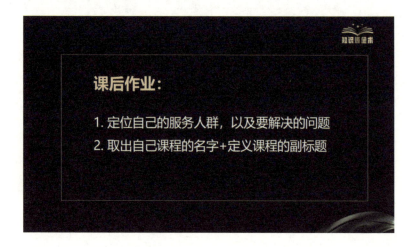

Chapter

下 单 目 录

只需一眼，
就想立刻下单的课程目录

当你有了课程名字、定位之后，接下来就是确定课程目录，这是本章的核心主题。

为什么叫下单目录？就是用户只看一眼，就想立刻下单的课程目录。

下单目录在整个课程产品中到底起到了什么作用？目录的作用是核心。你要去思考用户为什么要看你的目录。

一、构造悬念

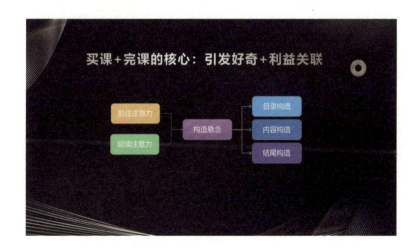

在分享下单目录之前，有一个核心的内容需要向大家介绍一下，那就是在目录上、在交付环节、在每一节课结尾的地方，在整个课程中我们需要理解的一个技术，这个技术叫"构造悬念"。

构造悬念，就是你一定要理解并使用它，否则你的整个产品经常会断链。这是什么意思呢？

我们为什么要学会构造悬念？因为我们要抓住用户的注意力并且延续用户的注意力，明白了吗？

你想让一个客户购买你的课程并且看完你的课程，那么你需要明白：

如果你不能抓住他的注意力，他就不会购买你的课程。

如果你不能延续他的注意力，他就不会听完你的课程。

我们相信每一位老师都希望自己做的课程能够锁定精准的用户，同时买过的用户看完你的内容后会去落地，这是我们想要达到的目标。

但是为什么有的老师的课程做出来以后，别人听了一两节就不想听了？或者在课程内容上，你觉得你把核心的东西都讲出来了，但别人听你讲内容的时候想睡觉，听不下去，觉得没有趣味性？原因是你不懂得构造悬念。

所以我们一定要学会构造悬念。构造悬念的核心就是：引发好奇+利益关联。

我们首先要引发对方的好奇，如果这件事情跟他有利益关系，他的注意力就会被我们锁定。

在整个课程产品中，有三个部分可以去构造悬念。

构造悬念一：目录构造

本章讲到的"下单目录"，就可以用来构造悬念。要让用户看完目录之后，很好奇，同时很渴望。你明白了吗？

我们的目录要写得有悬念，比如说：

"一种不是印钞，但是堪比'印钞'的赚钱技术"——

哇，什么技术这么厉害？

"三个步骤，让你的粉丝源源不断"——什么步骤可以让我的粉丝源源不断？

这都是在构造悬念，引发他的好奇。所以我们的副标题、下单目录的核心都是在构造悬念。

构造悬念二：内容构造

我们在交付课程的时候，要设计一个上瘾的内容，让用户听完第一节还想听第二节，听完第二节还想听第三节……直至耐心地听完每一节。"内容构造悬念"是什么意思呢？比如说：

今天我要给大家分享的是下单目录。如果你不懂得制作一个下单目录，那么你的目录就是空气。别人看完你的课程产品、你的目录以后并不会燃起欲望，也不会下单。

今天我用三个部分的内容，来跟你详细地讲解如何构造一个下单目录，让你的客户看完你的目录就想下单。

刚刚这一段话，就是对这节课进行构造悬念。不要在开头的时候就告诉用户，这节课你会学到什么具体的内容，只告诉用户这节课能帮用户拿到什么结果即可。具体怎么拿到，不要告诉用户。这样用户就会耐心地听你讲完这节课，这就是内容构造。明白了吗？

我们在讲公开课的时候也会用到这个技巧：

亲爱的朋友，大家晚上好，今天我要给大家分享的是流量天机。在开始分享之前，我问大家两个问题。

- **你是否渴望随时随地都可以轻松地获取流量？**
- **你是否渴望通过短视频在30天之内，轻松获取1万的精准引流？**

如果你的答案是想的话，那么在接下来的30分钟之内，我会给你解密短视频获取流量的爆破天机——"三个策略，五个心法"，让你随时随地都可以通过短视频获取流量。

这一段话都在塑造这节课的价值，同时构造了悬念。"三个策略、五个心法"会引发用户的好奇心。因为用户产生了好奇，同时引流这个事情跟用户的利益有关，所以用户的注意力就被牢牢锁住了。这就是内容构造。

构造悬念三：结尾构造

结尾构造就是在每一节课结尾的时候，都要去塑造下一节课的价值。

比如说：在"下单目录"这节课结尾的时候，我会去塑造下一节课"上瘾内容"的价值，引发用户的好奇心，把悬念构造起来，用户就会很期待下一节的内容。

所以在整个课程产品中，在用户还没有购买你产品的时候，你都需要通过目录来构造悬念。

他购买你产品的时候，他听你课程的时候，你在课程的内容上要构造悬念。然后在每一节课结尾的时候，要为下一节课构造悬念。

这个框架逻辑，我相信大家是非常容易懂的。构造悬念的核心就是"引发好奇+利益相关"。

引发好奇就是在我只说结果、不说过程的时候，你会自然而然地感到好奇。比如说：

"昨天我在路上遇见一位美女，我跟她轻轻地说了一句话，她就亲了我一口"——这个时候你就会很好奇，这怎么可能呢？

我只告诉你结果。这个结果就是"我跟她说了一句话，她就亲了我一口"。

但是我没有跟你说具体是怎么做到的，你很好奇，想知道具体该怎么做。如果你也想达到这样的效果，这就跟你的利益相关了。

所以这个时候你的注意力就被我抓住了。

我不给你解密这个逻辑，你心里就会很难受，会痒痒的。

这就是构造悬念。从框架到逻辑，在整个产品中，有三个地方可以构造悬念。

二、课程目录的目的

我们在设计一个课程产品的时候，如果没有目录，会怎么样呢？

只有在一种情况下，你是不需要课程目录的，就是在你发售产品的时候。你可以在最后的销售信中通过一些子弹头去描述用户会学到一些什么内容，而不需要去写课程目录。

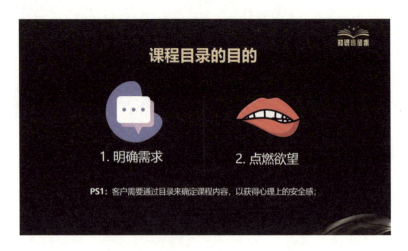

其实用子弹头描述用户能学到的内容，也是一种内容解密

的方式。

这与目录有一定的区别。如果你做的是一个标准的产品，你是一定需要这个目录的。因为你需要做朋友圈的推广，要上架到各大平台，等等。

那用户为什么需要目录呢？因为客户需要通过目录来确定课程的内容，以获得心理上的安全感。这是什么意思呢？

当一个用户第一次认识你的时候，他对你的内容感兴趣，问你有什么课程，你告诉他有什么课程。

然后他通常会问你，这个课程究竟能让他学到一些什么内容，这意味着用户对你感兴趣，他想学你的课程。

由于他对你还没有达到很信任的地步，或者他没听过你直播讲课，所以他需要通过目录来确定你的课程到底讲的是什么内容。这是用户的一种心理，他觉得这样很安全。

如果他看你的目录教的内容很多，看到的内容中大部分都是自己想学的，他会觉得这个课程可以买。这是用户的一种心理。

如果这个用户对你的信任感不是很强，你告诉他这个课程是什么名字，不告诉他目录是什么，或者你不跟他说明这个课程能让他学到什么内容时，他是极度没有安全感的，大概率是不会买单的。

所以你需要用目录让他有一定的安全感。我们的目的又是什么呢？

我们的目的是让用户看完目录以后下单购买，对不对？那么怎样才能做到这一点呢？他看完目录以后就会下单吗？这里有两个要点。

要点一：明确需求

就是你的目录可以满足他的需求。

要点二：点燃欲望

很多人可以做到让目录满足需求，但是没有点燃用户的欲望。不点燃欲望，用户是不会购买的。

你要永远记住：用户不是有需求就会购买，而是有需求、有欲望才会购买。

有可能用户来了解的时候，他带着一定的欲望。但是你一定要通过目录或者销售信把他的欲望放大，不要让他一个月后再想要，一年后再想要，我们要让他当下就想要。所以你要点燃用户的欲望。

那么怎么去点燃用户的欲望呢？这是有技巧的。

你要知道用户的需求，同时要知道他的梦想。本章会详细进行解释。

我们在设计一个课程目录的时候，要达到以下两个目的。

目的一：明确用户的需求，让他知道这个课程是为他定制的，他能通过这个课程学到他想要的。他一看目录就知道这个课程是适合他的，很有安全感。

目的二：用户看完这个目录就忍不住想下单。因为你的目录点燃了他的欲望，让他感觉"哇，这个课程太棒了，一定要买"。

三、课程目录的误区

好的课程目录和差的课程目录的区别究竟在哪里呢？写课程目录时，有以下两个误区。

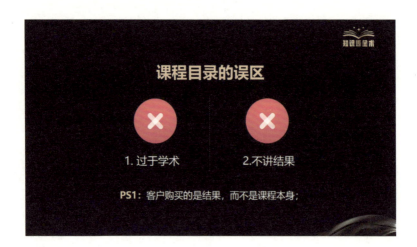

误区一：过于学术

你的课程目录一定不要过于学术。

很多人的目录过于学术。比如，有的目录是这样写的。

《摄影课》的课程目录："相机的基本操作""光圈与人物环境的构图""曝光率与滤镜的使用"……这样的目录过于学术，非常枯燥，能明白我的意思吗？

《健身课》的课程目录："仰卧起坐的正确操作方法"……

《瑜伽课》的课程目录："下臀式的正确姿势"……

这些都是学术化的表达，让人看了以后完全没有欲望。

误区二：不讲结果

刚刚讲到的这些目录，别人一听就很学术，你说它讲的对不对呢？是对的。

它的确是教这个内容的，但是目录过于学术化，而且学完以后能产生什么效果，用户是不知道的。

如果你教的是仰卧起坐，可以改为"三个仰卧起坐的细微动作，让你在30天之内练出八块腹肌"，这就讲了结果，能明白吗？

这种目录会让人更有欲望。比如说"女生在不同环境和使用不同物体的情况下，如何拍出大长腿"，这就是结果。

"人物与背景的构图关系"这样一个很学术的目录，我听了以后完全没有欲望。

但是你告诉我在不同环境下可以拍出大长腿，我一听就知道，这是会产生欲望并且有结果的。

你要永远记住：客户购买的是结果，而不是课程本身。

所以，只有写出用户想要的结果，他的欲望才会被点燃，他购买的动力才会更加强劲。

四、下单目录撰写公式

我们理解了写目录的目的，同时又知道哪些是应该避开的误区，那么正确的目录应该怎么写呢？下单目录的撰写有以下两个要点。

▶ 一是梦想路径；
▶ 二是子弹标题。

将"梦想路径+子弹标题"组合起来，就是一个完整的目录。这是什么意思呢？我们来看一下。

以《知识炼金术》的课程目录为例，这个目录前面的部分是四个字的，叫梦想路径。就是说，用户想要做出一个课程是他的梦想，那么要完成这个梦想就需要一个路径，能听明白吗？

前面四个字的部分是：取名制胜、下单目录、上瘾内容、课程封装、收款链条、理论收租、交付圣经。

你想实现做爆款课程的梦想，就要走一条路，你必须从这条路的A点走到B点，才能实现你的梦想。

那么，从A点走到B点，中间有多少个步骤呢？

第一，你要先取一个课程的名字，写出副标题；

第二，你要做出你的课程目录；

第三，你要把你的课程内容做出来；

第四，你要把你的课程封装起来；

第五，你要设计的不止一个课程，可能有前、中、后端三种不同的课程，这样可以赚更多的钱；

第六，你要塑造自己的理论体系；

第七，明确课程的交付方式，以及交付的核心是什么。你掌握了这7个步骤之后，就可以完整地做出一个课程，并把这个课程交付好，这就是梦想路径。

做任何事情都是有路径的，把大象装进冰箱分为三步：

▶ 第一步，打开冰箱门；
▶ 第二步，把大象放进去；
▶ 第三步，把冰箱门关上。

这就是把大象装进冰箱的路径。

追求一个女孩子也有一条路径，包括先做什么，再做什么，最后做什么。

让一个人在30天之内把肚子瘦下来，也有一个路径，要完成多少个步骤，怎么完成，最终才会瘦下来，这就是梦想路径。

梦想路径要放在前面，然后针对每一个路径的每一个步骤去写一个子弹标题。

子弹标题是"只说结果，不说过程"。因为用户买的是结果，而不是课程本身。比如：

"取名制胜：取对名字，让你的课程销量提升10倍"——这是一个结果。

"下单目录：只需一眼，就想立刻下单的课程目录"——
这也是结果，用户看完就想下单。

"上瘾内容：只需十秒，用户就会熬夜听完你的课
程"——这是做课程的人想要的结果。

冒号后面都在说结果，这就是子弹标题。怎么去撰写这种
标题呢？

有具体的训练方法。

市面上教你做课程的人，没有一个人能够把目录的精髓讲
出来，没有一个人像智多星老师这样写目录。

要么只有一个标题，没有任何梦想路径的感觉；要么就是
非常学术，目录不说结果，也不知道学习这节课能干吗。

所以这种课程目录是没有办法点燃用户的欲望的。用户看
完之后也不想购买。他们卖课靠的是激情，而不是靠目录本身。

如果你像智多星老师这样去写课程目录，别人读了你的课

程目录就想买。就像我们去线下的书店买书的时候，会看这本书封面的名字吸引不吸引人，对吧？

"上瘾"这个名字就很吸引人，"风传"这个名字也很吸引人，你看到名字就想翻开看一下。先看名字，后看目录，如果这本书的目录写得很烂，你也不想买。

如果这本书的目录写得很不错，你就很想买。所以畅销书作者写目录，用的全都是智多星老师的这套方法。

畅销书作者掌握了精髓。为什么很多卖课的人不会写标题，也不会写目录呢？因为他们没有写过书。而智多星老师写了十几本书，十分清楚目录对于一本书的重要性。

这个原理很简单。那我们应该如何实现呢？首先我们要了解一下传奇导图。

传奇导图，顾名思义，就是可以创造传奇的导图。

这个传奇导图是所有营销的根基。你想要做买卖，想要把东西卖给别人，可如果不理解传奇导图，你就不知道把东西卖

给谁，不知道用户大脑中到底在想什么；你在成交的过程中也
总是会遇到各种阻力，东西卖不好。

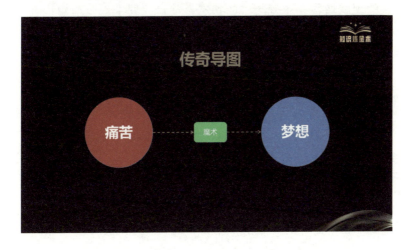

原因就是你没有看过这张图，你不懂这张图的逻辑。

这张图左边有一个"痛苦"，右边有一个"梦想"。每一个
用户在每一个维度上都会有"一个痛苦没有被去除，一个梦想
没有实现"。能理解这句话的意思吗？比如说：

用户之所以想学记忆学，那一定是因为他有个"痛苦"，可
能是他经常丢三落四；当然，他也有一个梦想，那就是希望自
己过目不忘，不会总是把领导交代他的事情忘掉，不会丢三

落四。

用户一定有一个痛苦，有一个梦想。用户想要从他非常痛苦的现状通往一个梦想中的状态，使自己处于一个理想状态，但他不可能平白无故地就能做到。

假如你脸上的痘痘已经存在很多年了，你对自己满脸都是痘痘感到很痛苦。你想到了一个梦想中的状态"皮肤非常光滑，白里透红"，你的梦想是让自己的皮肤白里透红，怎么做到这一点呢？

如果你自己打一个响指就能做到这一点，那早就做到了，对吧？你靠自己肯定是做不到这一点的。所以你需要一个魔术，这个魔术就是我们创造的产品。

我们的产品其实就是那个让用户从现在痛苦的状态通往梦想中状态的桥梁。

有可能是中医给用户开了一些药，调理了他的内分泌系统，也有可能是他的朋友给他推荐了一款祛痘的产品，或者是他去美容院用科技手段处理了一下。总之，都是通过某一个产品、某一个方法、某一种思维铲除了痛苦，实现了他的梦想。

你一定要清楚地知道，你所开发的这个课程到底能铲除用户的什么痛苦，实现他的什么梦想。明白我的意思吗？

你一定要知道你铲除的是什么痛苦，实现的是什么梦想。

如果你知道用户的痛苦是什么，用户的梦想是什么，那么你就可以规划一个路径、一个步骤，让他从痛苦的现状慢慢走向他梦想中的状态。

你的产品就是你的魔术。你的魔术是让用户从痛苦向梦想过渡的一个桥梁。

所以，你需要给用户规划一个路径：

他现在有啤酒肚，怎么让他有八块腹肌？
他现在脸上有痘痘，怎么让他的皮肤美白如初？
他现在处于单身状态，怎么让他脱单？
他现在做抖音，不知道怎么起号，怎么给他起号？
……

什么是梦想路径呢?

我给你规划一条路,一共有几个步骤,你通过这条路走完这几个步骤,就可以达到你渴望的理想状态,这个过程就叫梦想路径。

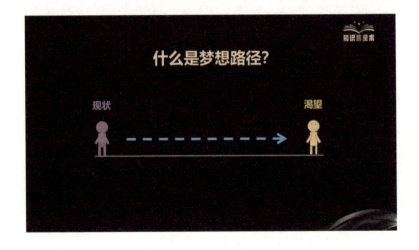

案例一

我给李藏老师设计了一个课程《火箭起号公式》,这个课程卖了将近100万元,这个名字是我帮他取的。

《火箭起号公式》就是教别人如何为抖音起号,我们用的是一个画面词。"火箭起号"这四个字就是"快速火爆"的意思。火箭能够代表速度和爆发式的效果，所以我们为这个课程起了一个名字叫《火箭起号公式》。很多人喜欢用"快速起号"这四个字，但是你叫"快速起号"，好像没有那么强烈的冲击力，所以我们把"快速"换成了"火箭"，这是个画面词。

写副标题时，我们只说结果，不说过程，就是这个课程能帮用户达到什么效果、什么目的。

"只需15天，引爆一个可以变现的抖音账号"就是结果，以及学完这个课程以后可以达到的目的。"达到什么效果"中的效果才是用户想要的。

然后我就给他规划了一个火箭起号"八卦图"。为什么叫"八卦图"？因为一共有八节课。这就是梦想路径。一个人从起号到成功变现，我们给他规划了八个他要经历的步骤。

- ▶ 第一章：客户定位
- ▶ 第二章：内容形式
- ▶ 第三章：选题剧本
- ▶ 第四章：拍摄剪辑
- ▶ 第五章：发布策略
- ▶ 第六章：数据分析
- ▶ 第七章：豆荚引爆
- ▶ 第八章：变现密码

第一章：客户定位

你起号是不是要先定位？你要做什么样的账号？你的用户群体是谁？这就是客户定位。

第二章：内容形式

客户定位完成后，要确定你的内容形式。你怎么拍？

你是在豪车里面拍，还是在一个书架后面拍？

你是在公园里面拍，还是边走边拍，抑或是站在美女旁边拍？……

这就是内容形式。

第三章：选题剧本

你的内容形式确定下来之后，你要讲什么样的选题，才能吸引到你的目标客户呢？你的剧本应该怎么写呢？你的文案撰写逻辑是什么？

第四章：拍摄剪辑

你怎么拍、怎么剪辑呢？用什么灯光呢？穿什么样的衣服呢？这些都要考虑，对不对？

第五章：发布策略

拍摄剪辑完以后就有了内容，接下来要发布作品，该如何发布作品呢？

第六章：数据分析

作品发布完成后，要教用户如何分析数据，以调整账号的内容结构。

第七章：豆荚引爆

教用户怎么投豆荚，以引爆视频。

第八章：变现密码

《火箭起号公式》只教用户如何起号，不教如何变现。但是这里为什么加了一个"变现密码"呢？

因为这样有利于卖后端产品。在"变现密码"这节课上讲一小部分内容，然后把其他大部分内容放在后端的成交变现课程里。

这是一个从起号到成功变现的完整路径。这个路径是非常合理的。从起号到成功变现，这几个步骤是必不可少的。能看懂这个逻辑吗？

所以在设计梦想路径的时候，你设计的梦想路径不能是跳跃性的，一定要符合逻辑。要让用户看完这个路径以后觉得这个路径是对的，就应该这么做。

用户听完这个课以后，思路应该很清晰：第一步该做什么，第二步该做什么，第三步该做什么，第四步该做什么……这些都做完之后，用户的账号就起来了。这非常符合用户的期待。

案例二

《连招3.0灌顶计划》是乌鸦老师的课程。这个课程的副标题是"让你在两个小时之内，就可以追到自己喜欢的女生"。这是一个结果。

请问，如果你是一个男生，看到这个副标题，你是什么感觉？

"哇，这个课程太了不起了。"于是你就下单了。

梦想路径是怎么规划的呢？这是一个网聊课程，就是在网络上通过社交软件，比如探探、伊对等，或者一些第三方的社交软件，快速追到自己喜欢的女生的一套课程、一套方法。

这个课程一共有六节课。

- ▶ 第一章：前价值
- ▶ 第二章：意愿锁定
- ▶ 第三章：身份输出
- ▶ 第四章：需求匹配
- ▶ 第五章：交换信息

▶ **第六章：确定关系**

第一章：前价值

前价值，可以理解为对你的社交账号的包装。如果你的包装不够好，就不能突出你的优势。在《非诚勿扰》这个节目里，男嘉宾上场以后会播放一个VCR，女生在观看VCR的时候会做出决定。如果VCR很乱，女生就会关灯；如果VCR很不错，女生就会保留灯。女生为什么会保留灯或者关灯呢？这取决于女生对你的前价值的判断。

第二章：意愿锁定

在包装好前价值后，在聊天的过程中会确认你是不是她喜欢的类型。如果你不是她喜欢的类型，那你就不需要跟她聊了，因为她不是你的目标客户。如果你是她喜欢的类型，那就继续往下聊。后面就很容易了。你要告诉她你的身份，然后进行需求匹配，交换信息，最后确定关系。

……

如果你想要脱单，想要追到女朋友，按照这六个步骤去做，就可以实现你脱单的愿望，在两个小时之内追到自己喜欢的女生，这就是一个梦想路径。

你按照这六个步骤去做，就可以实现你的梦想，明白这个逻辑吗？

讲到这里，你应该已经理解"梦想路径"这个概念了。所以你需要开发一个课程，告诉用户上完这个课程就会达到你所说的那种效果。你把用户要经历的那些步骤划分成一节一节的课程，这就是划分课程的结构。

·

五、子弹标题核心秘诀

有了梦想路径之后，你要为每一个路径的每一个步骤写一个标题，这个标题就是子弹标题。

子弹标题的核心秘诀就是"只说结果，不说过程"。

案例一

　　梦想路径部分的字数最好统一，可以是三个字、四个字、五个字。当然，如果没有办法都是四个字、五个字，那也没关系，尽量能够保持整齐即可。这样在排版和格式上，以及其他平台的表现上，给用户带来的感觉会更加强烈一点，能明白我的意思吗？

　　尽量去压缩字数，要去训练这种压缩能力，这样也能提升你的文案创作能力。

我们一起来看一下《火箭起号公式》的章目录。

▶ 第一章：客户定位，锁定精准客户，提升10倍利润

▶ 第二章：内容形式，创造一种独特的内容风格，让你脱颖而出

▶ 第三章：选题剧本，一次选出30个爆款选题，撰写剧本的秘密方法

▶ 第四章：拍摄剪辑，让你的短视频变得独特，并且被完整看完的秘密方法

▶ 第五章：发布策略，如何通过巧妙的发布技术来提升上热门的机会

► 第六章：数据分析，如何通过发布，反馈，优化的飞轮效应，提升账号播放量

► 第七章：豆荚引爆，你我本无缘，全靠我投钱，引爆账号的核心密码

► 第八章：变现密码，是时候开始变现了

第一章　客户定位，锁定精准客户，提升10倍利润

客户定位是什么意思呢？就是锁定精准客户，提升10倍利润。可以只说结果，不说过程。

第二章　内容形式，创造一种独特的内容风格，让你脱颖而出

"创造一种独特的内容风格，让你脱颖而出"就是用户想要的梦想中的结果。你可以只说结果，不说过程。具体是什么独特的风格呢？你买了我的课以后就知道了。这不就构造了悬念吗？

……

这就是子弹标题：只说结果，不说过程。因为用户买的是

结果，而不是过程。你把梦想路径以及实现这个梦想要经历的一些步骤告诉了他，他看完这个目录，很有安全感，这刺激了他的需求，同时还点燃了他的欲望。

欲望为什么会被点燃？因为你能够给予他想要的东西，所以他的欲望就被点燃了。

六、子弹标题训练方式

如何撰写子弹标题？你需要做的事情就是根据《100个经典

标题模板》举一反三。举个例子。

原标题：终于！科学家们发现了在17天内看上去更年轻的新方法！

你要举一反三写出三个标题，这三个标题可以与任何行业有关，不一定是你所在的行业。

你在写标题的时候，要发散思维、异想天开，不要局限于你的行业。你可以改成：

▶ 终于！抖音超盘手们发现了在15天之内快速上热门的新方法！

▶ 终于！健身专家们发现了在17天之内不打针、不吃药、不节食、不运动的减肥新方法！

▶ 终于！记忆学大师们发现了在7天之内将记忆力提升10倍的新方法！

▶ 终于！记忆学大师们发现了在7天之内让你过目不忘的新方法！

这三个行业跟我所在的行业没有任何关系，核心目的是训练你写标题的能力。

原标题：警告：不要聘请任何内部装修公司，直到你听完这个！

你可以改成以下三个标题。

- ► 警告：不要聘请任何家庭保姆，直到你听完这个！
- ► 警告：不要聘请任何外来司机，直到你听完这个！
- ► 警告：不要聘请任何个人品牌教练，直到你听完这个！

原标题：如何把箱子上面的标签变成金子！

你可以改为：如何把你的经验和知识变成金子！

这就是举一反三。

把这100个标题全部举一反三地写一遍。相信我，当你练习完这100个标题后，你的标题创作能力就会大幅提升。你能做到吗？

我们一起来复习下：我们需要明确用户的需求和点燃用户的欲望；梦想路径可以明确用户的需求；点燃用户的欲望要靠标题；标题只说结果，不说过程。

客户为什么要看你的目录？其实就是为了消除心理上的不安全感，以及明确自己能够学到什么知识。

写课程目录时有两大误区：过于学术和不讲结果。客户买的是结果，而不是课程本身。所以我们的下单目录写作公式就是"梦想路径+子弹标题"。梦想路径要放在前面，子弹标题要放在后面，中间用冒号隔开。

梦想路径就是让用户从他痛苦的状态走向他梦想中的状态的一个路径。将用户需要经历的那些步骤都罗列出来，然后用简短的语言进行概括。冒号后面的标题其实是描绘这个梦想路径可以给用户带来的结果。

用户的梦想是一个大结果，要通过多个步骤才能实现这个大结果。而每个步骤都代表了一个小结果。

本章的课后作业：

写出自己的课程目录。

Chapter
上瘾内容

只需十秒，
用户就会熬夜听完你的课程

前两章讲解了如何给课程取名字，如何做课程目录，接下来要讲解如何设计课程内容。

前两章是设计骨架，这一章是填内容。

如果前两章还没有搞明白，可以先去回顾一下前两章的内容。本章主要是教你设计出让用户上瘾的内容。

我们既然把课程卖给了用户，当然是希望用户能够学完课程，最后能够落地，这样才会有更好的反馈。更好的反馈作为一种客户的认证，可以用于市场宣传，进一步吸引到更多的学员，对吗？

这样才能产生正循环。如果你的课程卖了一波以后，效果并不好，大多数用户根本没有听完你的课程，或者听完之后也不知道怎么落地，最后别人就会骂你"割韭菜"。

这样一来，你就没有成功案例，也无法去宣传你这个课程的有效性，甚至再也无法售卖这个课程了。所以"上瘾内容"极其重要。

一、内容设计的重要性

内容设计的重要性有以下四点。

1.完课率

内容设计要环环相扣，中间要有很多故事、很多悬念，要让用户不停地听下去，这样完课率才会很高，用户才更有可能学会。

2.口碑度

内容设计得好，完课率才会高；内容设计得好，口碑数据才会好。

如果别人学完你的课程之后，没有达到预期的效果；或者别人听你的课程觉得很枯燥，听不下去；抑或是你的课程只是讲了一些大道理，没有落地的方案，那么你的口碑就会很差。

所以，要有好的内容设计，这样才会产生好的口碑。

3.复购率

如果用户听完你的课程，觉得很落地、很有用，那么用户复购你的其他课程的概率会更大，客户的终身价值也会变得更大。

4.落地性

内容设计得不好，用户的落地性就差。你讲了一堆概念、一堆认知，却没有落地的具体方案和方法，那么，你的这个课程设计就是不成功的。

所以，你一定要记住这句话："一定要用匠人的精神，设计课程内容，反复升级打磨。"

当然，你可能是第一次做课程，你可能没有办法做到完美，没有办法做到很好，这些都没有关系。

但是你一定要拥有匠人的精神，去反复打磨和升级你的课程，不断地迭代，让你的课程变得更加简单易用，让你的课程更容易上手。

有这样的一种精神，你的课程一定会变得越来越好。这是非常重要的。有的人一个课讲一百年也从来不优化，不迭代，这样的人很快就会没有市场。

在这一章，我会告诉你如何设计出让用户上瘾的内容，提高你的完课率，让你的口碑、复购率、落地性都变得极强。

只要你学习完本章的内容，你也可以像智多星老师一样，设计出让用户欲罢不能、听了就上瘾的内容。

如果你希望你的内容让用户上瘾，那么你的课程的完课率、口碑、复购率以及落地性就得很强。

你要对整个内容设计有一个非常清晰的框架结构。你要清楚地知道我应该怎么去设计一个公开课，以及如何设计一个交付课。

市面上肯定有人会教你怎么做交付，但是没有人会教你怎么做公开课。

二、内容设计的四大误区

我们在设计内容的时候，有哪些误区是不能踩的？有哪些错误是不能犯的呢？

误区一：什么都讲

你要记住，讲课程时一定不能什么都讲，你的课程要有一个中心主题，用户学完你这个课程之后要能解决一个具体问题。

你要围绕这个问题去讲你的内容，不要什么都讲，不要把你的人生创业经历都给用户讲一遍。你这节课是讲怎么做课的，而你把引流的方法也讲一下，这没有必要。

你一定要知道，用户的时间永远是最宝贵且有限的，你一定要围绕解决客户的问题这个方向去做课程。

我也不是什么都讲，什么都讲就等于什么都没讲。什么都讲就会导致你的课程非常不聚焦、不垂直。

误区二：没有悬念

不管是线上课，还是线下课，很多人讲课非常枯燥，没有任何的悬念。这是什么意思呢？

就是说我们讲完一小段内容，就要塑造下一段内容的价值，然后设置一个问题作为悬念。比如说：

我讲完这个公开课模型之后，如果只学公开课的模型是不够的，因为你还有很多交付课要去做内容，那么如何更好地去做一个交付课的内容呢？接下来，我会分享四个原则。

根据这四个原则和框架去做你的交付课内容，你的交付课的质量会提升十倍以上。

这就是为下一段内容制造悬念。交付课的每一节课，正常来说都会有一个小时左右，通常我的交付课最少都有一个小时，那么在一个小时的时间里，你就要让用户的注意力时刻保持集

103

中。比如说：

我们的课程分成了几个部分的内容，每一部分内容讲完，我就会对下一段内容构造悬念，为下一段内容塑造价值，让用户有兴趣听完下一段内容，这样他的注意力就会时刻保持集中。

所以，即便是单节课，你也要学会设计悬念。

误区三：没有故事

很多人讲课，只是在讲技术性原理、讲方法，因为没有故事，所以听起来极其枯燥。

讲课程一定要讲故事，讲你自己的故事、讲你老师的故事、讲你客户的故事，或者是用一个故事来隐喻一段道理都是可以的。

因为故事是最容易让人们记住并且传播的。如果你全程都在讲很枯燥的东西，我告诉你，没有一个正常人可以集中注意力。

很多人的课程中完全没有故事，这是行不通的。我的课程中都有故事，每个课程中会有不同的故事。

我在讲《脉冲式发售课》的时候，会讲我跟樊登老师的故事，会讲我做不同的发售的时候发生的一些故事，这样就很容易让别人记住。

误区四：没有画面

我讲所有的课时都是有画面的。我的语言有画面，我会给你做PPT，这样你会更容易记住。我有导图、有框架、有模型。

这样你会更容易记住它的点在哪里。

有很多人讲课是干讲，就是没有PPT，没有导图，也没有文字，只是自己对着镜头讲。

这种课程的分享，用户的大脑是记不住的（用户听完，大脑活跃了一下，课程结束以后也没记住）。这种学习方式是极其低效的。以上这四个误区千万不要犯。

你的课程之所以不能获得注意力，让人听了想睡觉，都是因为上面的四个问题。

所以讲课程或者讲方法论时，你一定要有导图，这样用户才容易记住。

导图设计的步骤不要太多，超过5步用户就记不住了，3～5步是最好的。

你要永远记住，我们的课程卖的是一套解决问题的方案，不要过度卖认知。你的课程中只能有20%的内容是一些认知类的内容，或者是提高用户认知的内容；大部分都要讲落地的方案。你讲原理、讲客户见证，都是在教用户具体的落地内容。

永远要记住：卖方案，不要过度卖认知。如果你的课程80%都是认知，就是那种告诉别人要努力、要自律、要敢于付费等一大堆认知类的内容，这种课程是没有用的。

成功学为什么会被人唾弃？因为成功学讲的都是高认知的东西，可以让别人听了就热血沸腾，让别人听了觉得"说得太有道理了"。

别人听完之后热血沸腾，很有信念、很有力量，但成功学没有教具体的方法。没有方案，仅靠信念是落不了地的。明白吗？

所以成功学一直被人唾弃、被人辱骂。核心原因是过度卖认知，却没有方案。方案是非常重要的。

我的课程中允许有20%的内容是认知类的内容，各行各业都会有一些认知类的内容，有一些道理类的内容，要控制好这个度，因为别人买你的课程是为了解决问题的。

所以如果你想要卖给别人一个课程，即便你是卖心理学类的课程，也要给别人一些具体落地的方案，这一点极其重要。

三、上瘾内容设计公式

我们怎么去设计这样的内容？这里有套公式。

你看我会把步骤变成公式、变成导图，这样每个人都能容易记住。

上瘾内容的设计有三个步骤：选材、萃取、炼金。

你要开发一个课程，在填充内容的时候，你应该以什么样的逻辑去填充这些内容呢？这是一个问题。

我们要对具体的方法进行解释，不能只是把课程的内容讲出来而已。

如果我们去炼金，可以想象一下，假如说现在要把一堆普通的东西变成一块新砖或者一根金条，那么要先选材，选取不同的材料进行萃取，然后炼成金子，这就是选材、萃取、炼金的过程。

第一步：选材

1.材料来源

材料的来源有三个：同行材料、原创材料、跨行材料。怎么去理解呢？

（1）同行材料

假如说你要开发一门课程，你可以去看看同行有没有开发过同类的课程。

你可以把你的前辈、同行的一些课程买回来，先去学习他们的课程，看他们是怎么讲逻辑、理论，以及解决问题的方案和原理的，同时做好导图和笔记。

在同行的书籍、课程中，一定有你需要的材料。把讲得比较好听的故事、比较好的案例，以及比较好的专业、原理、步骤和方案等提取出来。

（2）原创材料

所谓原创材料，就是说你在这个行业做了这么久，现在要分享各方面的解决方案和课程，一定有一些自己独特的原理和独特的解决方案，以及发生在自己身上独特的故事。

其实，可供我们选择的材料只有三种：故事、案例和专业。

（3）跨行材料

"跨行材料"是什么意思呢？

有的时候，我们要做的一个原理，其实来自其他行业。比如说，我要激励人性，我可能会讲游戏行业有一个什么原理，这个原理用到我们的营销上就达到了这个效果。

其实在整个营销流程中，有很多内容都来自不同行业，包括心理学行业、游戏行业……这些内容就是来自不同行业的跨行材料。

通常来说，你做课程时用到最多的是同行材料和原创材料。当你的能力越来越强，或者当你的课程独创性很强的时候，你就会用到很多跨行材料，这说明你已经达到了一个比较高的境界。

因为营销这个行业的很多东西都已经用完了，所以智多星老师现在开发课程或者去做营销时，会进行跨维度地探索学习。比如说：

我去学打台球的时候，理解了一个概念叫校正成本。我还去学下围棋，去学弹钢琴。总之，我会去探索不同的领域。

不同的领域，其实有不同的原理、关键词以及理论体系。我会把这些不同行业的原理进行组合，然后创造出全新的东西。

包括"知识炼金术"，其实这个概念来源于魔法师。历史上，一些欧美国家的巫师很喜欢研究炼金术。知识炼金术就是把炼金术和知识付费进行结合，这个概念来源于跨行业的灵感、创业的灵感。

有的时候，你的同行是有很多前辈的，一定要多看前辈的东西。通常他们会讲很多好听的故事，或者是你所在的行业有一些比较久远、带有寓意的故事。

而这些故事中都包含着一些道理，你可能会用到。这只可能是从你的同行或者你的前辈那里了解到的。

2.材料形式

材料的形式包括：故事、案例和专业。

我认为营销是一个通过改变背景环境从而改变认知，进而改变行为的过程。

那么如果我要解释这一段话的原理，我就要讲个故事，这个故事其实就来源于《影响力》或者《细节》这本书。

书里有写超市的故事：在自行车把手上贴广告标签，测试有多少人会扔掉，然后从不同的角度去分析问题。

这个故事刚好可以用来诠释我刚刚讲的道理。那么我就可以借用这个故事来讲这堂课，这就是我在前辈的书里找到的材料。

星巴克和Costa咖啡的案例是我的老师讲过的。要先准备好这一部分的材料，要想明白这一节课的中心思想是什么。

基于这个中心思想，给他配一个什么样的故事，有没有原理和方法，有没有客户见证的案例，有没有自己的案例，你这个专业的原理来源于哪里……要把这些材料准备好，后面还要进行取舍。这个过程是必不可少的。

有了课程名字和目录框架之后，还要在目录框架里去填充内容。

填充内容的时候是有结构的。你只需要把这些材料按照一定的逻辑顺序装到结构中，这节课就会变得饱满，就会富有逻辑性，听起来就会简单易懂。

材料的收集是一个过程，需要你多花点时间。比如说：

你可以把你的同行中比较好的几位的书买回来，把你这个行业里面比较好的几位前辈的书买回来（在淘宝或闲鱼上都是可以买到的），然后去萃取。

最终的目的是开发课程，这是一套组合拳。我这样说不是让你去抄袭别人的课程，也不是让你把别人的东西全部拿来去用，你一定要加入自己的故事、自己的案例、自己的方法。比如说：

我将我老师的抓潜、培育、成交、追销、裂变等概念萃取出来，在讲营销公式的时候，我也加入了自己的故事，加入了自己的实战案例。我不会全用我老师的案例来讲，现在我在讲课的时候几乎没有用过我老师的案例。

2016年，我在刚开始讲营销类课程的时候，我会用到一些我老师讲过的案例。但是后来我用的全部都是自己的案例。原理是来源于我的老师。

你要记住：要去改编，而不是剽窃。不要盗用别人的东西，这样你的心理会有很大的压力，你是讲不好这门课的。

不仅如此，你还会遇到很多问题，最后这个课也是失败的。所以一定要学会去改编，吸取别人的优点。

第二步：萃取

选材后，我们要把这些内容进行萃取。我们在前面讲到的故事、案例和专业，不管这个故事是来源于同行，还是来源于自己，抑或是来源于不同的行业都不重要。

重要的是，你要把这些东西萃取成四样有价值的东西，分别是：

▶ 1.提炼认知价值

▶ 2.提炼人设价值

▶ 3.提炼方案价值

▶ 4.提炼追销价值

1.提炼认知价值

假如说你要讲一个乌鸦喝水的故事，那你想表现什么价值呢？其实这是一种认知价值。

你是为了讲一个故事、一个案例，是为了提炼出认知价值、人设价值、方案价值、追销价值。

认知价值是对于他理解这个事情、理解这个原理、了解这个心法有认知价值的故事或者案例。就是对他的大脑理解这个东西有非常重要的意义，这个叫认知价值。

2.提炼人设价值

你提炼出一个故事，假如说我要让你感觉我这个人不容易，那么我就会讲一个我曾经和我爱人生活在仅有几平方米房间的故事，这个故事可以体现我艰苦的人设。

如果我要提炼一个见义勇为，好人的人设，我可能会讲我16岁的时候，为了救一个人，让我的一只眼睛看不见的故事。

你的人生会有很多故事，或者你这个专业方面也会有很多故事，这就是人设价值。

就是这个故事可以增强我某一方面的人设。

3.提炼方案价值

你想的这个案例，你想的这个故事，它要有具体完整的结构，并且有具体的步骤，别人只要按着这个步骤去复制，也可以成功，这是方案价值。比如说：

我的《脉冲式发售》里面有不同的模型，有连环式发售模型、求助式发售模型、探访式发售模型……每一个模型我都实战过，每一个都是经典的故事，然后每一次的发售都有全程的步骤。

我把这个步骤提炼出一套导图和框架，并提炼出时间线，然后把营销中用到的销售信变成模板，就变成一个方案价值内容了。

这个东西别人是可以套用的，别人套用我的销售信，套用我的流程就可以发售成功，这就是我提炼出方案价格的内容。

4.提炼追销价值

追销价值就是别人听完你讲的这个部分，假如说他很想买你后面的，或者说他很想拜你为师，这就是"追销价值"。

工具包里有一个模板，这个模板里有个公开课，在公开课的第二天，我成交了一个产品，但在成交之前，我讲了一个嘉俊的案例，而嘉俊的案例就是一个有追销价值的案例。

这不是一个普通案例，而是一个有追销价值的案例。这是我提炼出来的。

如果你已经很专业了，这个过程就很快。如果你还不太专业，你还不太确定，你可能要看一些同行的书，看一些前辈的书和课程，然后把它做成思维导图，把一些好的东西打上标签。

在萃取这个步骤你就知道，哪个故事、哪个方案是有认知价值的，是有人设价值的，是有方案价值和追销价值的，然后把这些东西都打上标签。

第三步：炼金

我们把前两步完成的内容变成有用的金子，变成真正可以拿得出手的公开课，拿得出手的交付课，明白了吗？

炼金分为公开课模型和交付课模型。这两个模型是完全不一样的。

公开课是别人还没有交钱，还没有购买之前听的那个课程的内容；交付课是付了钱之后要的新内容，这是两套框架。

公开模型使用的AITDA模型：抓注意力、激发兴趣、建立信任、勾起欲望、促进行动。这个是销售信的模型，也是公开课的模型，原理都是一模一样的。

交付模型就是你购买了几千块的课程。交互模型就是诱惑、原理、方法、案例。

交互模型的核心是卖方案，让用户听完交付课程后能够具体解决什么问题。而交付模型就是诱惑、原理、方法和案例，目的是为了让他学会。

公开课其实不是为了让他学会公开课，仅仅是让他产生一些收获，让他愿意信任你，有欲望购买你后面的产品。

所以公开课的模型是抓注意力、激发兴趣、建立信任、勾起欲望、促进行动。

那么接下来，本章的核心部分就是这两套模型，会展开讲解怎么去设计公开课和设计交付课。

其实他是一套框架，你理解了这个框架之后，把前面找到的故事、案例、专业的内容，按照这个逻辑顺序填充到这两个模型里，仅此而已。

所以智多星老师喜欢把很多东西变成系统工程学。就是把它变成123的步骤，有框架，有逻辑，你去学习，落地的可能性会很强。

我做课程的时候，可以摆脱这套框架，但是你作为新手是不行的。例如说：

你做发售，也没办法摆脱框架，我是可以摆脱框架的，因为我"手中无箭，心中有箭"，境界是不一样。

对我来说，开发课程、写一本书都是极其简单的，因为我已经把框架内化了。

但是我不能那样去教你，我要把它变成公式和方法论，然后让你去填充，让你去落地，等你做过10次、20次之后，你也会内化掉。

然后你也会把这些框架和模型全部丢掉，也会处于"手中无箭，心中有箭"这种浑然一体的状态，明白了吗？

接下来，我们将展开分析这两个模型，这两个模型分别是公开课模型和交付课模型。

四、公开课内容模型

公开课内容模型叫AITDA，如果你学过写销售信，一定知道这个模型。这个模型分为五个步骤，分别是：

- ▶ A抓注意力
- ▶ I激发兴趣
- ▶ T建立信任
- ▶ D勾起欲望
- ▶ A促进行动

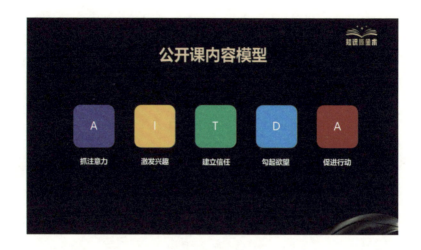

在你的工具包里，《知识炼金术训练模板》的第二部分里有一个"百万公开课模板"，这个模板是我在2017年的时候，讲过的一个非常经典的《打造个人微信粉丝银行》课程。

这个课程里面写的框架，就是按照抓注意力、激发兴趣、建立信任、勾起欲望、促进行动写的。

你需要将这个模板里的内容看完，看完之后就能理解我在讲什么，理解这个AITDA五步方程式的模型如何运用，一定要去看，不看你是学不明白的。

公开模型：抓注意力

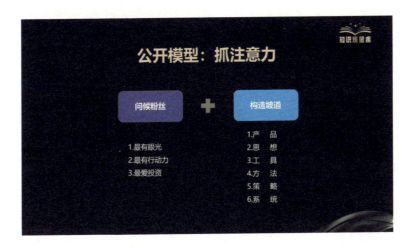

公开课就是把你导入社群，讲两天或者三天课，然后你要成交一个后端课，或者是你把人导入直播间。直播间先讲一堂课，最后卖一个东西，这种以销售为目的的课程，就是公开课。

公开课讲干货，是为了贡献价值。但是因为时间很短，贡献的内容也是有限的，能够落地的可能性也会很低。因为没有人辅导，所以公开课的核心目的就是销售，卖后面的课程。

公开课的第一步叫抓注意力，抓注意力就是抓住用户的注意力，共分成两个步骤：问候粉丝和构造坡道。

1.问候粉丝

怎么去理解呢？举个例子：

有一场公开课直播，你刚刚进入我直播间，我会怎么讲呢？我会说"哈喽，亲爱的同学大家晚上好"，或者"哈喽，各位最有眼光、最有行动力、最爱投资的总裁们大家晚上好"。

这就是问候粉丝，听明白了吗？

2.构造坡道

我现在给你分享的主题是知识炼金术，但是在我正式分享之前，我想问大家两个问题：

▶ 第一个问题，假如有一套方法可以让你在七天之内创造出自己的爆款课程，你们想不想要？想要的打1。
▶ 第二个问题，假如有一套产品，可以让你……

这就叫构造坡道。构造坡道其实有两种语言方法：

► 第一种方法，"你是否渴望……"

► 第二种方法，"假如有……，可以让你……"

假如有一个产品，可以让你在七天之内瘦10斤，你想不想要？

假如有一个思想，可以让你瞬间改变，你想不想了解？

假如有一个工具，可以让你的汽车油耗降低至十分之一，你想不想知道？

假如有一个方法，可以让你在两小时内追到你心爱的女孩，你想了解一下吗？

假如有一个策略，可以让你的对手屈服于你，你想不想了解？

假如有一套系统，可以让你的直播间像好莱坞大片一般，你想不想学习？

这就是构造坡道。你能理解吗？

这本书的第一节课塑造了一下价值，然后我就开始说，在我正式分享干货之前有两个问题：

- ▶ 第一个问题：你想不想，不管在任何一个地方，只要有网络＋手机，你就可以随时随地地通过手机赚钱。
- ▶ 第二个问题：你想不想，通过"微信银行粉丝系统"让自己的产品、店铺、项目、公司插上一个微信互联网的翅膀，实现10倍到100倍的利润增长。

想的请回复"1"。

这就是构造坡道。为什么要构造坡道？构造坡道可以抓住他的注意力。在线下很多人演讲的时候也要用这个策略，一模一样，没有任何区别。

你知道智多星老师在没有新冠肺炎疫情的时候，线下有各种各样的大会邀请我去做分享。这种大会有1000人的，有2000人的，有3000人的。这种大会我分享的价值、我的目的只有一个，就是吸粉。

我为什么能吸到粉丝呢？因为我讲课的内容对他们很有启

发，最后我报微信号的时候，他们就会快速地加我的微信。

如果我的分享没有价值，那么即便报了我的微信号，别人也不想认识我，能理解吗？

所以，线下也是这样的。我上台分享时会说：

"哈喽，亲爱的各位总裁，大家下午好（然后我鞠一个躬，观众的掌声就会响起来）。今天我给大家带来一个主题，这个主题就是'如何通过微信互联网年入百万'，那么在我正式分享之前，我想问大家两个问题：

> 第一个问题，你是否渴望通过一部手机就可以轻松快速安全地赚钱？想的，请掌声鼓励一下。
> 第二个问题，你想不想，不管你身在撒哈拉沙漠，还是在呼伦贝尔的草原上，你赚钱的速度比提款机还快？想的，掌声再次响起来。"

这就是构造坡道。

构造坡道的目的是抓住他的注意力。

如果这两个问题的答案都是肯定的，那么在接下来的30分钟之内，我会告诉你三个策略、五个方法，让你实现这一目的。

大家就很感兴趣了，明白了吗？就是你要用提问的方式，明确地告诉他心里想要的东西。

然后你告诉他在接下来的时间里，我会告诉你几个方法、几个策略或者几个工具，让你去实现这一目的，那么他就会很感兴趣。

接下来，我如果花30分钟的时间来分享，或者我接下来花一个小时的时间看你直播，我能有什么收获？如果你能抓住他的注意力，就会激发他的兴趣。

公开模型：激发兴趣

我们通过"问候粉丝＋构造坡道"的方法来抓取用户的注意力。

然后我们要激发他的兴趣。他有没有兴趣听完你今天的直播，有没有兴趣听完你今天在群里讲的课，有没有兴趣听完你线下的这段分享，取决于你能不能激发他收听的兴趣，就是明确利益+自我介绍。然后你就告诉他，在接下来30分钟之内，我会告诉你几个方法、几个工具、几个策略，可以帮助你实现什么结果。

一定要告诉他，听完这节课他能得到什么结果，然后他才会在心里做决定，我要不要听。

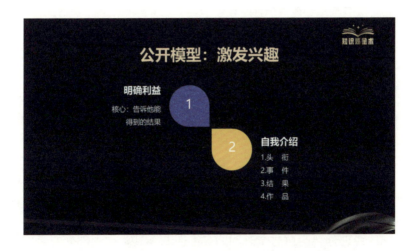

明确完之后，在接下来的时间里，就要展开自我介绍。

自我介绍就是你是谁、你有什么成就、你有什么结果、你有什么代表作品，这都是可以的。

在《知识炼金术训练模板》这本书里，我提完问题之后，就展开了我的人生故事，进入自我介绍部分。

自我介绍部分和故事是可以融合在一起的。自我介绍就是大概介绍一下自己的头衔、事件、结果和作品。

公开模型：建立信任

这个部分是整个课程中最大的板块。

我们开头是一小段，然后结尾成交的时候也是一小段，假如说这个课程的时长是一小时，你卖一个课程，那可能前10分钟是抓注意力，激活兴趣。然后中间40分钟是建立信任，最后10分钟是勾起欲望，激发行动。

所以你要明白这个时间的分配原则，其实你大部分的时间都用于建立信任。你要让他买你后面的课程，建立信任这个步骤是非常关键的。

接下来我们一起看看建立信任的五个元素，它不是五个步骤，明白吗？

不是说讲完故事讲专业，讲完专业讲标准，讲完标准讲见证，讲完见证讲背书，不是这样的一个逻辑。

是在建立信任的大模块里，穿插着应用故事，可能故事里面会有背书，或者是在见证的时候，去展示你的方案和专业，这些都是可以的。

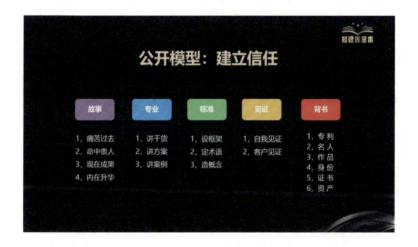

（一）故事

假如说你是个胖子，你在台上告诉别人怎么减肥，请问别人会相信吗？别人不会相信，别人会把你撵下来，因为你没有资格讲减肥，你自己还是个胖子，对不对？

假如说你是个瘦子，你站在台上，你就有资格讲减肥吗？也不是的，如果你从小都是一个瘦子，你从来没有胖过，你想减肥也是不成立的，也是会被人撵下台的。

别人不会买你的产品，只有一种人站在台上，别人会买他的产品。就是他曾经很胖，而且大家也知道他曾经很胖，即便大家不知道他曾经很胖，但他有证据证明他曾经很胖，有照片或者录像证明。

现在他很瘦，他在这里教大家怎么减肥，别人会响应，为什么？

因为他的过往和他的现在形成了对比，用户了解以后就知道他有资格对自己讲这些话。

如果智多星老师从头到尾都是一个穷光蛋，然后现在在这里教你怎么去卖课程，怎么去赚钱，你会信吗？

你们不会听，即使我讲的内容是正确的，你也不会听。

所以你要明白人世间的一个道理，对于同样的内容，人们只在乎这个人是谁。

人们不在乎他讲了什么话，在企业家口中和在乞丐口中讲出来，同样一句话，道理都是一样的，但是企业家讲出来就有人听，乞丐讲就没有人听，你能明白这个道理吗？

你按照这个逻辑框架讲故事，就可以解决两个问题：

▶ 第一，你凭什么在这里说话？
▶ 第二，你是怎么改变的？

如果你说我天生力大无穷，或者我天生就会赚钱，这是没有说服力的，没有人会相信一个人天生就会赚钱。

一定是因为这个人得到了一本秘籍，或者这个人得到了一个高人的指点，或者这个人得到了一个什么东西，然后他产生了改变，这才符合逻辑，听明白了吗？

所以这个时候，你按照这个故事模型去讲，你就能解决有关"痛苦的过去、命中的贵人、现在的成果、内在的升华"这个问题。

1.痛苦的过去

假如说我曾经很胖，有160斤重，每天在床上都坐不起来，不想出去见人，很想瘦。但是每天看到食物又很想吃，这就是痛苦的过去。

痛苦的过去是为了跟你的潜在用户产生共鸣。

因为如果你真的能够讲出你潜在客户的痛苦，潜在客户是知道的。他听到你的痛苦，跟他的痛苦一样的时候，就会产生共鸣。

在产生共鸣的那一刻，其实从某种意义上来说就已经产生了信任，能理解吧？

2.命中的贵人

你过去很痛苦，然后你现在很辉煌，为什么？

因为你命中出现了一个贵人。这个贵人不一定是真人，可以是一个产品，比如说我使用了一个产品，把我的痘痘去掉了；使用了一个产品，让我瘦下来了，你能理解我的意思吗？

"贵人"不一定是真正的人，贵人可以是一个人，也可以是一个产品、一个方法、一本书。例如：

我无意之中在地摊上买到了一本书，发现这本书原来是失传了100多年有关经营生意的秘籍。那么这本书就是你的"贵人"。贵人不特指人，能明白吗？

我的故事就是我过去摆过地摊、做过淘宝，还被朋友骗过，然后负债累累。在我人生一蹶不振的时候，我遇到了我的恩师刘克亚。

3.现在的成果

在我的故事中，我的老师就是我的贵人。他传授给我一套秘密营销公式。这套公式让我的人生发生了天翻地覆的变化，让我在一夜之间赚到60万。

这里的命中的贵人给了我一个什么东西，或者是你拾到了一本秘籍，或者是你遇到了一个中医写了一个配方，让你收入千万，现在有豪车、有豪宅……

如果你是减肥者，我现在只有108斤，有八块腹肌，这就是现在的成果。

你的故事跟你所卖的产品是对应的，如果你讲的是一个跟你的产品、你的目标群体没有共鸣，或没有关联的故事，你这个故事就是没有意义的，听明白了吗？

所以故事要挑着讲，我要卖你营销发售课程，就要跟你讲我发家致富赚钱的故事；我就没有必要跟你讲我见义勇为的故事，没有必要，对吧！

公开课的时间是有限的。但是，有的人就喜欢讲课的时候东扯西扯，讲一大堆没有关联的东西。

4.内在的升华

内在的升华，就是我为什么要把这个东西教给你？我为什么要把这个产品推荐给你？我为什么要给你做这段分享呢？

我瘦下来之后，发现原来还有那么多的胖子不知道怎么减肥，还在被各种减肥产品欺骗，我实在是看不下去了。

所以我决定，今天把我的这个配方在这个课程中免费分享给你，或者今天把老中医教给我的这套方法在这个课程中免费分享给你。

这就叫内在的升华。就是你为什么这么好心分享给我？

好心的原因是因为我看到很多不公平，我真的看不下去了，我看到很多人在痛苦，所以我决定……这就叫内在的升华。能听明白吗？

这样讲故事，能解决两个问题：

▶ 第一，你有什么资格对我发言？

▶ 第二，你是因为什么改变的？你的贵人是谁？这样
  就合情合理了，这就是故事。

通常我们在建立信任的部分，一定会讲这么一个故事。

（二）专业

专业就是讲干货、讲方案、讲案例。

为什么要体现出你的专业？因为你最终要让用户采纳你的
建议，购买你的方案课。

你最终要让用户采纳你的建议，购买你所发明的产品。前
提不仅是他信任你，还要能够让他认知到你在这方面是专业的，
你真的可以教会他，你真的可以解决他的问题。

所以你要在售卖之前，证明你是专业的。例如说：

你为什么会买智多星老师的这本《造课》呢？是不是因为我开发过那么多门课程，我卖过那么多门课，你的潜意识里就相信我，相信智多星老师会开发课程？

所以你要在你的公开课中去讲，要塑造你的专业，其实就是讲干货、讲具体的落地方案，或者讲一个具体的案例，这些都可以让用户觉得你很专业。

你可以讲心理学的催眠方案，你可以讲潜意识改变方案，你可以讲某一个人因为什么痛苦找到你，然后你通过什么方法帮他解决了问题，解决的步骤是什么，这就是讲案例。

（三）标准

这个模块，从某种意思上来说，你作为新手的时候是用不到的。如果你想成为行业的高手甚至是大师的时候，你一定会用到这个模块。

你在讲公开课的时候，你在讲干货的过程中可以设计自己的标准。那么这个时候，你的课程就会更好卖，你的权威性和转化率就会更高，什么原因呢？

假如说,《知识炼金术训练模板》这本书里面讲了好几个案例。

一个是在大学城附近的餐厅,在经营倒闭的时候,通过微信银行粉丝系统实现转变。

一家新开业的水果店,如何在一周之内回笼60万现金。

三个孩子的妈妈,如何通过这个微信银行系统,做到50万到500万利润的增长。

这三个案例是塑造我的专业性,每个案例都有具体的步骤。然后我会告诉用户,这三个案例用的都是同一套公式,这个公式是"微信银行赚钱系统",这个公式叫抓潜、培育、成交、追销、裂变。

我设立的框架有五个步骤(抓潜、培育、成交、追销、裂变)。

抓潜、培育、成交、追销、裂变这五个步骤的名字,就是定术语。

我们会造很多概念，假如说我们俩同样讲营销，你讲的是大白话，而我讲的课程中有很多专业的术语，比如违约成本、认知编程、心理账户、认知扭转。

我想了很多这样的概念、术语，然后我画了成交的五个模型图。

这样我就建立了属于自己的一套标准，这个标准会让我的专业性变得更强，让我变得更专业，我的专业让用户感觉更神秘，这时候有助于更好地去成交转化做铺垫。

（四）见证

我们在建立信任的时候，一定要有见证，见证就是案例，有自我见证和客户见证。

1.自我见证

你前面讲的故事是一个大的自我见证。但是有的时候，你课程中会有很多小的方法和模型。

我发明过很多方法，我会说我发明这个方法的故事，这就是一个自我见证。就是这个方法是我发明的，并且我用过有效果。

2.客户见证

客户见证就是别人用了这个方法，实现了什么效果。其实这也是一个客户见证和案例。你在讲专业部分、讲案例的时候就会用到客户见证，听明白了吗？

是穿插着用的。自我见证和客户见证分别解决了什么问题呢？

自我见证，解决的是我有什么资格和你说话，解决的是能不能用的问题；客户见证，解决的是复制的问题。

很多时候你发明了一个方法，或者你找到了一个解决方案，别人都会说你站着说话不腰疼、你聪明、有粉丝……所以你能用，对不对？

客户见证，就是说除了你以外，你把这个方法教给别人，把这个产品送给别人，别人用的效果怎么样？

有的人说这款祛痘产品只对你有用，我这个皮肤问题很多年了，不会好了，这个时候怎么办呢？

客户见证其实解决的就是这个问题，你要告诉他有一个皮肤比你更差的，有十几年了，然后用我们这个产品30天，脸就好了很多，两个月下来痘印全消失了，完全没有问题，对不对？

你要讲这样的客户见证。因为他还没有用过你产品的时候，你是没有办法从物理上证明他学了这个方法，或者他用了这个产品后，也会有同样的效果。

所以，退而求其次的方法就是用客户见证。你要告诉他有一个跟他情况相近的人，学了这个方法、用了这个产品后取得了什么效果，让他自我代入。

记住，有一个关键词叫"代入"，客户是会自我代入的。

你说有一个初中没有毕业的宝妈，学了这个方法后，朋友圈有1000个好友，然后她用这四套发售方法赚了很多钱。

这个时候，他听完这个案例之后，大脑中的想法是"连一个初中毕业的宝妈都可以做到，我凭什么不行，我的条件比她还好，我一定也可以做到，所以我要买"。这就是代入。

所以，自我见证和客户见证都是要有的。但是通常是在讲方案和讲案例的时候就自动代入，这样可以衬托你的权威性，也可以衬托出你的东西是有用的。

你讲的案例越多，证明这套方法的可行性就越强，听明白了吗？

我之前用《浪潮式发售3.0》做了一场发售，变现了几百万。我又把这套方法教给我的学员，明星老师用一本书复制了我的"共读会"模式，几天时间变现了30多万。

所以这个方法就很管用。管用不仅是指这个方法对我管用，对别人也管用。

所以这个东西就是可以复制的。其实这次发售还是很成功的。虽然做的过程中有很多问题发生，有很多不确定性的因素，需要反复跟我确认。

但总体效果是非常好的，有54个人付了定金。其实这54个人都是要交钱报他的课程的。如果每个人交9800元，大约就是54万。

但是我告诉他有些人是要拒绝的，她大概拒绝了20多人，最终留下来的有30个。

多少钱不是重点，不是钱越多越好，每一步都要走扎实，不是说要多卖几份，我们还是有一个边界的，我们做任何事情都要有边界。

我大概在今年7、8月份会推出一套全新的体系，这个体系的架构非常明确，宗旨也是非常明确的，边界也是非常明确的，这样就会更加立体，更加有规矩，未来传承的时间也会更长。

（五）背书

背书，是大脑的一个偷渡技术。

它可以越过你的意识判断，让你的潜意识误认为它是真的。其实很多骗局或者欺骗你大脑的行为都是通过这种偷渡技术让你上当的。

背书就是偷渡技术。你的大脑中有一块区域，这个区域叫潜意识区域。

这个区域前面有一条河，这条河叫意识的河流。大部分信息都没有进入潜意识区域，因为潜意识区域是个神秘的地方。

偷渡技术可以秘密地跨过这条河、跨过潜意识。

1.专利

背书里有很多元素，比如专利、名人、作品、身份、证书和资产，这些都是偷渡技术。举个例子：

假如说有个人给你介绍个朋友，这个朋友非常厉害，他在某个领域非常有建树，然后申请了十个国家专利。

他说完这句话的时候，你就觉得"哇，这个人这么牛"。

你甚至都不知道这个人取得的是什么专利，不知道这个人长什么样子，不知道这个人的年龄，不知道这个人是坏人还是好人。但是当你听到"专利"两个字的时候，你觉得他很厉害，为什么？

你的意识直接到你的潜意识里提取数据了，你的潜意识里面存留了很多框架信息，我们称它为"入脑的链路"。

我们的大脑中存了很多框架，为什么有很多框架呢？

为了效率和安全，为了让大脑的运作效率越来越高。所以在成长的过程中建立了很多框架。

框架是为了快速地识别信息并做出判断，理解吗？

2.名人

你的大脑里有一套框架反应机制，你看一个人的面相，会判断这个人是好人还是坏人，你喜欢还是不喜欢，为什么？

你最讨厌的那个面相的人，有可能是以前伤害过你的人，或者是曾经骗过你的人，或者是电影中出现的这种面相的人都是坏人。

所以你在生活中见到一个陌生人有这种面相的时候，你就会把他列入坏人这个类目里。

勤奋的人大概率是好人，只是他长得像个坏人罢了。

你的大脑进行判断时不论真假，只是在用一个已经建立过的框架去识别而已。因为大脑中的潜意识存了很多信息，认为有专利的人就是厉害的人。

跟名人合影的人就厉害。假如说：

我跟李开复老师的合影，我跟凯旋老师的合影，我跟聂云老师的合影，我跟刘晓庆老师的合影。

这些合影对我的价值是很大的，你会认为我跟李开复老师的合影是很有新意的。

看到这张合影的瞬间，你大脑中的潜意识就会给你一个答案：这个人跟李开复老师合过影，李开复老师是创新工场的创始人，所以智多星老师就很牛。能明白吗？

因为你大脑中认为相近的东西必有关联。你不知道这张合影是怎么来的，对不对？偷渡技术就是这个逻辑。

3.作品

这个人出过三本书，你会认为这个人很牛。

我们大脑中从小的认知就是，只有作家、专家和教授可以出书。

所以这个人能出三本书，他一定是专家、教授级别的。专家、教授是自带光环的，你会把这个光环赋予给这个人，这就是作品的作用。

我认识一个老师，我从这个老师身上明白了这一点。

在2015年下半年的时候，在我老师的一个大会上，这个老师花钱上台演讲，这个老师叫惊涛。

这个人上台之后就塑造价值，塑造自己的身份，然后说他是一个歌手，把自己包装成明星，他在现场送给大家唱片，最后销售他的课程。

他这套方法非常管用。那一刻就启发了我，要用唱片这一招。后来我才知道，他到任何地方讲课都会唱歌，送唱片。

当你收到他唱片的那一刻，我告诉你，你的大脑会自动在他身上加上光环，他是明星。这就是他用的作品，书、电子书、课程、歌曲，这些都属于作品。

4.身份

我是清华商学院的特邀讲师，天猫智囊团的讲师，我是刘克亚最年轻的学生，我是营销艺术家的创始人……这些都属于身份。

在我2007年大学刚毕业的时候，你说自己是某公司的CEO，那是一种极其厉害的身份。现在CEO已经不值钱了。

因为微商的出现，满大街都是CEO，满大街都是董事，满大街都是创始人，这就不值钱了。

所以一个东西如果过度使用，就开始不值钱了。

那么身份也会带来一定的偷渡。某某公司的总经理，某某公司的CEO，其实你这个公司就你一个人，但是听起来很牛。

因为有"入脑路径"，大脑中对于这些词是有一个框架判断的，听明白了吗？

5.证书

你是国家几级心理咨询师，你是国家计算机几级认证，或者你是某商学院的特邀讲师，这些都是证书。

6.资产

资产分实物资产和虚拟资产。你有多少粉丝，赚了多少钱，这些都是虚拟资产。你的车、房都属于实物资产。

这些都是可以偷渡的。比如说：

你看到一个人开一辆劳斯莱斯的时候，你就会觉得他很有钱。

当一个人从劳斯莱斯下车给你打招呼的时候，你的心态都变得不一样了，你的心态为什么变得不一样了呢？因为你的潜意识被这些框架套住了。

这个部分的内容都是可以帮你建立信任的，我告诉你这六个东西是可以帮你背书的，有的就在你的分享中用出来，没有的就先不要讲，要有意识地去积累，我是绝对不会放过跟任何一个名人合影的机会的，明白了吗？

因为我知道这个东西很管用。

公开模型：勾起欲望

勾起欲望就是你要抓住他的注意力，激发他的兴趣，然后建立信任之后，你卖他产品之前，你一定要勾起他的欲望。

我说过"有需求不会产生购买，需求加欲望才会产生购买"。所以你要点燃他的欲望，要勾起他的欲望，就要用子弹头和动力舱这两种技术。

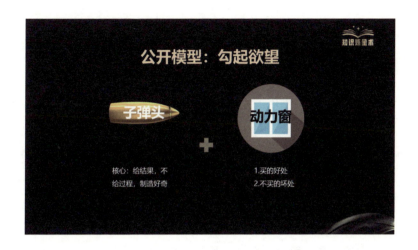

1.子弹头

你收到的套装里有《子弹头训练套装》，什么是子弹头？

就是"只给结果，不给过程"，让对方大脑产生极度好奇的短句，这种短句叫子弹头。假如说：

我讲完公开课，那么接下来，我想问大家一个问题，你想不想系统地学习这套五步方程式？

接下来我给大家分享一个课程，这个课程叫《一字千金》。我会在这个课程中分享给你哪些内容呢？

一种撰写标题的秘密公式，让你可以在三天之内成为行业内顶尖的标题高手。

"一种撰写标题的秘密公式，让你可以在三天之内成为行业内顶尖的标题高手"这种语句，可以引发你的好奇。就是只说结果，不说过程，制造好奇，这就叫子弹头。

你的工具包里有一个《子弹头训练套装》，然后你在卖课程的时候，在塑造价值的时候，一定要写很多很多子弹头。

一般要写10个，你看我的每一封销售信，它里面都有这样的短句，这样的短句就叫子弹头。举个例子：

"你会学到什么呢？你会掌握一套独特的五维定位法，让你的账号永远被粉丝记住，刻在他们大脑记忆的深处。"

这就是"只说结果，不说过程"。然后引发了对"一套独特的五维定位法"的好奇。

"你会掌握一套心跳的算法逻辑，让你的视频可以快速引爆，源源不断地给你带来可观的佣金收入"，这就是结果。

"你会掌握抖音短视频热门的五个助推系统，让你的点赞、评论、转发、玩播、关注瞬间引爆"，这也是只说结果，不说过程。

这些短句都是你学了子弹头技术之后能够写出来的。练习子弹头训练套装，按照步骤一步一步往下看，一步步去做，你就能写出来，并不困难。

2.动力窗

假如说现在有一套房子，前面的窗户打开的是海景，后面的窗户打开的是垃圾场。如果你要把这套房子卖出去，你应该打开哪扇窗户，关闭哪扇窗户呢？

如果你想把房子卖出去，一定是打开海景的窗户，关闭垃圾场的窗户，对不对？

所以动力窗的意思是"告诉用户买的好处、不买的坏处"。

如果你告诉他买的坏处、不买的好处，那么这套房子就卖不出去了。其实买任何东西、买任何课程，都是有好处、有坏处的。但是动力窗的意思是，你要告诉用户买这个课程的好处，以及不买的坏处。

如果你今天购买这个课程，你的人生会发生什么变化？

如果你购买这个课程，你的腹肌会发生什么变化？

如果你买这个课程，你的大脑会发生什么变化？

如果你今天不做出这个决定，你的人生还是如此灰暗，没有光芒。你的啤酒肚会伴随你终身，或者你的记忆力随着你的年龄不断地衰退，直到什么都记不起来。

这就是不买的坏处。这就叫动力窗。能明白吗？

公开模型：促进行动

最后就要行动了，你要让别人买你的课了。有两个步骤：塑造价值（**提出价格**）提出主张。

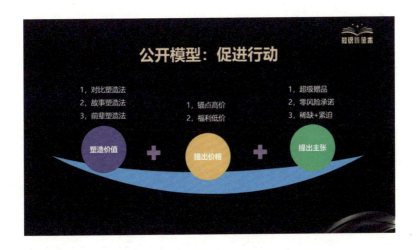

你千万要记住："营销的大忌，就是绝对不能在没有塑造价值之前提出价格"，这个非常重要。

（一）塑造价值

塑造价值有很多种塑造方法，有对比塑造法、故事塑造法和前辈塑造法。

1.对比塑造法

同类课程多少钱，或者像这样的课程可以帮你赚多少钱，这都是对比塑造法。

对比塑造法就是你要塑造他的价值。你还记得我在《脉冲式发售》中成交的时候，我是怎么塑造价值的吗？

假如说你学会《脉冲式发售》，一年可以帮你赚100万，那么10万块钱仍然是这个世界上最划算的。就是说你可能会赚100万，而用10万来付费。

如果你学会之后用他10年，每年赚100万，10年就是1000万，对吗？那么10万块钱只是你收入的百分之一，您觉得更划算，才花了1%的代价。

如果你学会之后，赚了1000万，然后你把这套东西传给你的孩子，那么这个价格相当于改变了你的整个家族的命运。所以很有道理，把这个价格锚定在了10万。

这个10万叫锚定高价，我们看价格模块是提出价格，提出价格里有一个叫锚定高价，然后是福利低价。

然后，我最终决定的价格就是99800。

但是，"脉冲式发售10.0"的价格是99800，"脉冲式发售1.0"的价格是29800，"脉冲式发售2.0"的价格是39800。

从10万降到3万，然后我说有优惠券的可以减1万，今天只要29800，这就是锚定高价、福利低价。这是提出价格的一个策略。听明白了吗？

2.故事塑造法

故事塑造法就是你要说一个故事，你讲这个故事的意义是什么？

这套方法其实传承了很多年，以前一直都是秘密使用，也是我老师教给我的，我的老师说这个只能教给我的学生。

由于现在互联网的变化（**要说一个理由**），然后跟我的老师沟通后，决定把其中的一部分拿出来分享给我们的学生。

你的目的是要让你的东西变得很稀缺，就是如果你的东西被你塑造得很稀缺、很少有的时候，那么它的价值本身就会变得很高，你理解吗？

还记得上次讲的红枣的故事吗？

你告诉他这个红枣是来自马来西亚（他觉得贵了一点），然后你说这个红枣来自马来西亚的一座高山上······

每年只产1000斤（他觉得更贵了），这1000斤中有800斤被当地人拿去吃了，只有200斤是流通在市场上的（他觉得更贵了）。

这个故事的核心是通过一个故事，塑造了这个红枣的稀缺性，每加一句话的时候，这个红枣就变得更稀缺了，这个红枣因此显得弥足珍贵，然后这个价格就高了。

3.前辈塑造法

在销售信中我们经常会用到这个方法。就是说我不知道怎么定价，特定在三天前特地去请教了一位前辈，这个前辈有很丰富的经验，我就把这个课程的内容全部跟他讲了，包括我教什么，能够取得什么结果。

然后这个前辈告诉我，这个课程要定39800（这样，你就用一个前辈来把这个价格提高了）。

总而言之，你用任何一种塑造的方法，目的只有一个，就是把你的价值塑造高。比如，我决定今晚定价99800，我决定今晚定价39800。不管多少钱，先定一个高价。

然后用一个理由把这个高价降为低价。记住，如果你不去锚定高价，直接说价格，他是没有感觉的。

我决定今天的课程定价980元，他就觉得这个课程应该定价980元。

你告诉他这个课程原价9980元，但是因为今天我过生日，或者我决定1.0先收980元——这些理由都是可以的，所以决定只收980元。

你的理由一定要是真实可信的，理解了吗？

（二）提出主张

提出价格之后紧跟着就是提出成交主张。例如说：

今天的价格是39800，今天可以优惠1万，只要29800。不仅如此，今天你购买之后，我还送你"三大赠品+一个承诺"。

三大赠品：

► 赠品一，是……
► 赠品二，是……
► 赠品三，是……

一个承诺：

今天购买以后如果你听完课不喜欢，全额退款。或者说你上完第一天课之后觉得不满意，全额退款。或者你按照我的方法不能够提高记忆力，我会补偿你。

其实，这都是属于"零风险承诺"。

但是，这一期因为我的人力有限，或者我的场地有限，我只能招20个人、30个人或50个人，要造成稀缺性和紧迫感。

并且在几月几号之前报名是这个价格，然后几月几号之后就恢复原价，以强调紧迫感。

这就是提出主张的四个要素：超级赠品+零风险承诺+稀缺性+紧迫感。

这就是公开课的模型。我会把我直播公开课的直播录像给你一份，同时再给你一份电子版的模板框架。

如果你要做公开课，就按照这个框架去写你的公开课的逐字稿，或者按照这个框架去写你的公开课PPT。听明白了吗？

所有的东西都要练，不练是不能掌握的。听明白了吗？

接下来，讲交付课内容模型。

五、交付课内容模型

交付课的内容模型很简单，包括诱惑、原理、方法和案例。其实这个很简单，比公开课的要简单很多倍。

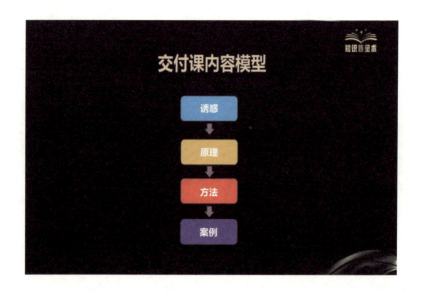

1.诱惑

就是你在每一节课开头要诱惑他，你要告诉他学完这节课有什么价值，这就叫诱惑。

你不能直接开始就讲，因为别人不知道你每一节交付课的内容，你要在开始的时候告诉他学完这节课他能得到什么结果。在本章开篇的部分，要告诉他学完这节课能得到什么结果。

因为他要的是结果，所以你就要把他想要的结果放置在最前面。他会很想要你描绘的这个结果，所以他不得不听，这就叫诱惑。能明白吗？

2.原理

诱惑完之后你就要讲原理，比如取名的原理、下单做目录的原理，或者设计内容的原理。有的时候有原理，有的时候也可以没原理，但是你一定有方法，因为你卖的是方案。原理有很多，比如选材、萃取、炼金，这就是一套原理框架，然后每个原理下面有详细的方法（AITDA就是方法）。

交付课内容模型，包括诱惑、原理、方法和案例。这个也有原理、有方法、有步骤。要告诉他原理，比如抓潜、培育、成交、追销、裂变的原理。

脉冲式发售公式，包含鸣枪示警、预热蓄能、加速蓄能、脉冲发售、继续蓄能的原理。有原理你能不能落地呢？

你告诉我火箭的原理，我能明白。但是我能做出一枚火箭吗？不能。所以原理是没有办法落地的，你要用方法。怎么抓潜呢？

- ► 第一步，你要描绘人群画像；
- ► 第二步，你要设计鱼饵；
- ► 第三步，你要找鱼塘；
- ► 第四步，你要去钓鱼，把流量引过来。

方法是有步骤的。这个能理解吗？所以你告诉我火箭的原理之后，你还要告诉我造火箭的方法。我要先做一个外壳，弄原材料，然后要做里面的芯片……每一步都分解出来，这才叫方法。

3.方法

说完原理之后就说方法。也就是第一步做什么，第二步做什么，第三步做什么等。前面我讲到的AITDA就属于方法。其实方法就是步骤。

4.案例

我的某一个学生是做什么行业的，怎么做的，他的人群画像是……，他设计的鱼饵是……，他找到的鱼塘是……，钓鱼获取了多少流量，这就是一个案例。

案例是用来证明你的方法，以及让用户去举一反三的。能听明白吗？比如说：

我给你准备的这个案例中有公开课的模板和直播回看，还有《知识炼金术训练模板》这本书里的销售信，这些都是根据AITDA的方法做出来的案例。

这就是我要给你的案例，以及我在课前送给你的《个人品牌盈利策略》。这是一个售价980元的交付课，课程就是按照这个交付模型（**诱惑、原理、方法和案例**）做的。课程内容可以按照这个逻辑来填充。

第一步：**诱惑**。这节课有什么价值？能够得到什么回报？能学会什么？

第二步：**原理**。讲这节课教什么。比如这节课教你违约成本。人类有三种成本，一旦投入就不想撤回，就希望这个东西好，这就是它的原理。

第三步：**方法**。怎么用呢？很简单，我们要在发售的时候让用户跟我们产生关联，如参与投票，参与回答问题，让用户一步一步地向前走，这就是具体的方法。

第四步：**案例**。我们可以讲一个有关违约成本的案例，把违约成本这个概念讲清楚。

本章的课后作业：

做成自己一节内容的逻辑。

后　记
AFTERWORD

　　本书的内容到此就结束了，如果你认真阅读了，我敢打保票，只要你行动，就一定可以开发出一门不错的课程。很多时候千万不要追求完美，否则你用几年的时间也开发不出一门课程。你要做的是先开发出1.0版本，然后走向市场，测试用户反馈，再不断优化升级。当然，这3章的内容，主要是教你"造课"。至于后续怎么设计课程链条，怎么封装，以及理论收租体系、交付的核心秘密等方面内容，可以购买我的课程《知识炼金术》学习。

　　希望能在知识的海洋中与你为伴。有缘再见！